【法理学】

数据权利保护的模式与机制

余圣琪 ◎ 著

知识产权出版社
全国百佳图书出版单位
—北京—

图书在版编目（CIP）数据

数据权利保护的模式与机制/余圣琪著 . —北京：知识产权出版社，2023.10
ISBN 978-7-5130-8488-8

Ⅰ. ①数… Ⅱ. ①余… Ⅲ. ①数据保护—科学技术管理法规—研究—中国 Ⅳ. ①D922.174

中国版本图书馆 CIP 数据核字（2022）第 225020 号

责任编辑：赵利肖　　　　　　　　责任校对：谷　洋
策划编辑：庞从容　　　　　　　　责任印制：刘译文

数据权利保护的模式与机制
余圣琪　著

出版发行：知识产权出版社 有限责任公司	网　　址：http://www.ipph.cn
社　　址：北京市海淀区气象路 50 号院	邮　　编：100081
责编电话：010-82000860 转 8725	责编邮箱：2395134928@qq.com
发行电话：010-82000860 转 8101/8102	发行传真：010-82000893/82005070/82000270
印　　刷：三河市国英印务有限公司	经　　销：新华书店、各大网上书店及相关专业书店
开　　本：850mm×1168mm　1/32	印　　张：6.875
版　　次：2023 年 10 月第 1 版	印　　次：2023 年 10 月第 1 次印刷
字　　数：173 千字	定　　价：78.00 元
ISBN 978-7-5130-8488-8	

出版权专有　侵权必究
如有印装质量问题，本社负责调换。

序

在当今数字时代，数据资源化、数据治理、数据流通、数据要素市场、数据安全等上升为社会热点议题，如何建构数字社会秩序也成为世界各国所面临的重大任务和使命。

在我国，《网络安全法》《数据安全法》《个人信息保护法》规范框架对数据权利保护与数据自由流通等进行了总体性规定。2022年12月，《中共中央、国务院关于构建数据基础制度更好发挥数据要素作用的意见》正式发布，提出探索数据产权结构性分置，建立数据资源持有权、数据加工使用权、数据产品经营权"三权分置"的"数据产权制度"，为探索中国式的数据治理秩序奠定了重要基础。

与此相呼应，法学界也掀起了深度分析和研究数据产权制度的学术热潮，特别是青年学者思维敏锐、十分活跃，产出了一大批优秀的学术成果，本书就是其中之一。本书立足"数据权利保护"这一数字时代的核心议题，分析论述了"意志理论"、"利益理论"以及"数字人权"等理论；从数据权利保护的缘起与发展出发，系统梳理了数据权利保护的发展脉络，分析了目前数据权利保护的制度局限、困境与挑战；解析数据权利保护的欧盟模式、美国模式、日本模式等，发现数据权利对于传统权利产生的变塑和重建，从而探索新型的数据权利保护模式和数字时代的权利重塑机制，积极构建具有中国特色的数据权利保护制度和治理秩序。在这些研究中，作者进行了自己的独特思考和分析，也提出了一些新的看法和观点，反映出青年学者的理论追求和现实关怀，这无疑是值得赞赏和鼓励的，也是法学繁荣发展的未来希望。

当然，任何成果都会有其不完善之处，本书也存在一些青年学者常有的不足，特别是在重大学术命题的提炼上，但这也正是青年学者的巨大成长空间和留给学界的期待。无疑，随着数字时代的进一步变革发展，数据要素确权、数据合规治理、特殊群体保护等问题也会日趋复杂。身联网、元宇宙、ChatGPT、DriveGPT等新技术、新生态不断涌现，会有越来越多的前沿问题需要更深、更系统的理论研究，希望作者以后能持续跟进学术前沿，产出更多、更好的学术成果。

是为序。

2023 年 5 月 25 日

目录

001 导 论
    一、问题的提出 / 001
    二、研究综述 / 005
    三、研究难点及价值意义 / 011
    四、研究方法 / 013

014 第一章 数据权利保护的缘起与发展
    第一节 数据的基本内涵 / 014
        一、隐私、个人信息和数据的关系 / 015
        二、数据的时代特征 / 018
        三、数据的基本分类 / 021
    第二节 数据权利保护的历史演变 / 028
        一、隐私权理论 / 028
        二、个人信息自决权理论 / 032
        三、财产权理论 / 036
    第三节 数据权利的双核保护 / 040
        一、自然人数据权益的基本保护 / 040
        二、数据开放与自由流动的利益保护 / 043

047 第二章　数据权利保护的困境与挑战
　第一节　侵权法保护路径无法涵盖数据隐私权益 / 048
　　一、数据的去身份化冲击隐私保护的可识别性 / 049
　　二、数据的公开性削弱隐私权益的合理期待 / 051
　　三、数据侵权的复杂性挑战侵权归责的前提 / 053
　第二节　人格权保护路径难以回应数据财产权益 / 057
　　一、人格权无法保护数据的复合权利 / 057
　　二、人格权保护阻碍数据的流通价值 / 060
　第三节　物权保护路径不能概括数据特性 / 063
　　一、数据的特征解构物权客体 / 064
　　二、数据的特性违背物权原则 / 067
　　三、数据的流动性限制物权独占性 / 069
　第四节　知识产权保护路径难以包含企业数据权益 / 070
　　一、数据的非原创性消减著作权保护的独创性 / 071
　　二、数据收集的合法性约束商业秘密的秘密性 / 072
　　三、《反不正当竞争法》适用条件的抽象性 / 074

079 第三章　数据权利保护的模式与路径
　第一节　启蒙理念下的欧盟模式 / 079
　　一、"统一立法"为主导的立法模式 / 081
　　二、"基本权利"为基础的治理模式 / 087
　　三、"长臂管辖"为重点的域外执行模式 / 089
　　四、欧盟模式的功效与局限 / 091
　第二节　自由理念下的美国模式 / 093
　　一、"分行业"为主的分散立法模式 / 095
　　二、"自由式市场"为核心的治理模式 / 099
　　三、"改正期制度"为创新的规制模式 / 104
　　四、美国模式的功效与局限 / 106

第三节　平衡理念下的日本模式 / 108
　　一、"不突破现有法律体系"的立法模式 / 109
　　二、"自由流通"为原则的治理模式 / 110
　　三、"契约指导"为重心的监管模式 / 112
　　四、日本模式的功效与局限 / 113
第四节　探索中的中国模式 / 114
　　一、"安全防范"为重心的治理模式 / 115
　　二、"信息保护"为主导的立法模式 / 117
　　三、"数字经济"为侧重的发展模式 / 123
　　四、中国当下模式的功效与局限 / 125

129　第四章　数据权利对传统权利的变塑和重建

第一节　传统权利理论供给不足 / 130
　　一、意志理论背离数据发展趋势 / 131
　　二、利益理论难以协调数据确权 / 134
第二节　传统数据权利保护的局限 / 137
　　一、数据权利保护的理论供给缺陷 / 138
　　二、数据权利保护的立法不完善 / 143
　　三、数据权利保护的监管机制不健全 / 147
第三节　数据权利：数字时代的权利重塑 / 149
　　一、"数字人权"理念的兴起和塑造 / 150
　　二、构建数字时代的数据权利体系 / 159

164　第五章　构建新型的数据权利保护模式与机制

第一节　确立新型的数据保护理念 / 165
　　一、确立相关关系取代因果关系理念 / 165
　　二、强化数据权益平衡理念 / 167
　　三、构建法律与技术相结合的数据保护理念 / 170

第二节 建立数字时代的权利保护机制 / 172
　　一、完善数据权利保护的法律体系 / 172
　　二、建立公共数据开放的机制体系 / 174
　　三、采取公法规制与私法保护相结合的框架 / 177
　　四、充分鼓励企业实行自律管理 / 179
第三节 构建有效的外部执法机制 / 183
　　一、建立权责清晰的强监管机关 / 184
　　二、完善行政处罚与刑事责任的衔接 / 186
　　三、制定强监管的高额处罚机制 / 189

192 结　语
198 参考文献

导　　论

一、问题的提出

随着互联网、5G、区块链、人工智能等技术的发展，人们进入了数字时代。在数字时代，每天都充斥着海量数据分析，数据化成为最主要的特征。人们的衣食住行、生产生活方式都离不开数据，数据成为数字时代最重要、最有价值的生产要素。正如英国著名杂志《经济学人》的一篇文章所指出的，世界上最重要的资源已经不再是石油而是数据[1]。

然而，数字时代的到来也给人们的生活带来了很多隐患和威胁。2018年8月，中国消费者协会发布的《App个人信息泄露情况调查报告》显示，遇到过个人信息泄露情况的人数占比为85.2%，没有遇到过的仅占14.8%。与个人信息相关的犯罪越来越多。2018年7月，上市公司"数据堂"涉嫌侵犯公民个人信息被查；8月，华住酒店集团旗下连锁酒店近5亿条用户信息被泄露。2019年是中国数据合规的元年，这一年数据隐私泄露和数据安全问题也是频频发生。2019年5月，简历大数据公司"巧达科技"非法交易个人信息达数亿条，被有关部门查封；8月，瑞智华胜窃取30亿条用户信息，被称为史上最大规模的数据窃取案；9月，北京青年报记者发现，在网络商城中有商家公开售卖"人脸数据"，数量达17万条。大规模的数据泄露事件引起了全民对个人数据安全的担忧。

---

[1]《"数据"即我们的时代已经到来（1）》，载微信公众号"Economist"，2019年1月9日，https://mp.weixin.qq.com/s/bzvUy7AL3HyhOL4oo6CeA。

2020年，无论是国内还是国外的数据隐私和数据安全问题都愈发严重。从国内来看，湖北、安徽、山东、河南等地高校学生个人信息遭到泄露；新冠疫情防控期间，青岛胶州医院就诊人员个人信息被泄露；中国电信超2亿条的个人信息在互联网上售卖；微博近5亿条的用户数据在暗网出售。从国外来看，雅诗兰黛4.4亿条的用户邮箱记录被泄露；万豪国际多达520万的用户数据再次遭到泄露；由于App设置错误，以色列640万名选民的个人资料遭到泄露。

2021年4月，一名特斯拉女车主在上海车展维权的事件获得了持续关注。随后，特斯拉方面回应，由于女车主的诉求不合理，没有办法进行妥协。郑州市市场监督管理局在多次调解无果后，责令特斯拉公布车主的行车数据。特斯拉在未经过车主允许的情况下，将车主的行车数据公布给媒体，侵犯了车主（消费者）的权利。随后，特斯拉公布正在开发线上车主数据平台，以保障消费者自由查询车辆数据的权利。特斯拉事件中，车主对于行车数据所拥有的权利以及车企在数据全生命周期过程中所应承担的义务引发了公众的热烈讨论和关注。

关于人脸识别技术也有新动态。从国内来看，2021年4月9日，浙江省杭州市中级人民法院对我国人脸识别第一案作出了二审判决，判决要求野生动物园删除郭某的人脸信息及指纹识别信息。郭兵不服，提出再审申请。2021年10月，浙江省高级人民法院就郭兵与杭州野生动物世界纠纷再审一案作出裁定，驳回了郭兵的再审申请。同样在2021年4月，宁波市市场监督管理局对三家房产公司因使用人脸识别系统予以25万元的罚款。据12345热线统计，从2020年10月1日至2021年3月31日，上海6个月内接到市民关于隐私保护方面的投诉有430条，人们对人脸识别技术滥用产生数据安全保护的担忧。为了保护当事人的合法权益，2021

年 7 月,《最高人民法院关于审理使用人脸识别技术处理个人信息相关民事案件适用法律若干问题的规定》发布。从国外来看，2021 年 4 月，由于 Facebook 数据泄露事件违反《通用数据保护条例》(General Data Protection Regulation，GDPR)，爱尔兰数据权利组织对 Facebook 提起了集体诉讼。2018 年年底，美国底特律的一名男子因为人脸识别错误而被错误逮捕，该男子于 2021 年将警察起诉到法院。

关于数据垄断，2021 年 4 月 10 日，国家市场监督管理总局对阿里巴巴实施"二选一"的行为处以 182 亿元罚款，这被称为中国互联网反垄断第一案，并且处罚金额是我国《反垄断法》实施以来的最高金额。随后市场监管总局对美团实施"二选一"的行为进行立案调查。2021 年 4 月 30 日，欧盟委员会由于"苹果税"和音乐流媒体市场向苹果公司发送了第一次反垄断异议声明，苹果公司将可能面临巨额反垄断罚款。2023 年 2 月，欧盟委员会向苹果公司发送了反垄断调查的第二次异议声明，认为苹果公司涉及音乐流媒体服务提供商的 App Store 规则存在反垄断问题。2021 年 11 月，新浪微博因拒绝许可数据被蚁坊公司起诉，此案被认为是国内数据垄断第一案。

由此可见，数字时代，数据隐私、数据安全、数据垄断的问题存在于人们生活、工作、学习的各个方面，不论是线下还是线上、国内还是国外，数据权利保护是具有理论和实践价值的研究课题。

大数据时代的来临，给传统的权利保护带来很多新问题和新挑战。比如：由于数据的匿名化、公开性以及侵权过程的复杂性，传统的侵权法保护路径无法涵盖数据的隐私权益；数据承载着个人、企业、国家的多重利益，既有人格权保护的相关规定无法为数据的新权益提供保护，且人格权的绝对权保护会阻碍数据的流通价值；数据有着完全不同于传统"物"的特征，且数据的分享性、无形性、交易便捷性解构着传统物权原则；数据的非原创性、不具有秘密性等特征使知识产权保护路径难以对企业的数据权益进行保护。传统的权利理论，如意志理论，强调的是支配力，但数据主体往往无法支配和控制数据，利益理论难以协调数据的多元利益，数据权利无法在传统的权利理论中获得保护。工商业时代的传统"三代人权"理论也无法满足数字时代的人权保护需求，因此需要构建数字时代的数据权利体系保护"数字人权"。如今数据成为新的生产资料，算法成为新的生产力，要顺应时代发展，就必须实现由传统社会向信息社会的价值转型，由单一物理空间向物理/电子（现实/虚拟）双重空间的思维转型。[1]由于工商业时代的法律体系无法保护数据权利，因此本文尝试提出构建新型的、具有中国特色的数据权利保护模式与机制。

本书通过界定数据的基本内涵、阐述数据权利保护的历史演变路径以及阐明数据权利的双核保护目标，对数据权利保护的缘起与发展进行了介绍。在此基础上，分析了目前传统的侵权法、人格权、物权、知识产权保护路径对数据权利进行保护所面临的困境和挑战。目前，针对数据权利保护，各国采取了不同的模式与路径，如启蒙理念下的欧盟模式、自由理念下的美国模式、平衡理念下的日本模式，本书分析各国模式利弊，以期探索具有中国特色的数据权利保护模式与路径。传统的意志理论、利益理论无法对数据权利提供保护，数据权利保护的理论、立法制度以及监管机制也都存在着自身的局限性，"数字人权"的理念正在兴起，数字时代的权利需要进行变革和重塑，需要通过确立新型的数据保护理念、建立数字时代的权利保护机制以及构建有效的外部执法机制来对数据权利进行全面的保护。

---

[1] 马长山：《智慧社会背景下的"第四代人权"及其保障》，载《中国法学》2019年第5期。

二、研究综述

近些年,对于数据的研究受到了国内外学者的重视。这些论著多集中于对数据治理、数据权利、数据保护和数据共享的关系,数据的信息伦理、道德和法律困境以及数据保护的路径和方式的探讨。在大数据时代,社会的价值观念、生产方式、生活方式乃至大数据本身都在发生重大的社会变革。因此,我们需要根据新发展调整原有的研究思路,探索数据权利的保护机制,以期更好地回应大数据时代的变革,探索更加具有理论和实践意义的数据权利保护机制。

(一) 关于数据治理的研究

关于数据治理的研究多从国际数据治理、社会治理变革、国家治理能力等角度入手,致力于借助数据整合实现国家治理主体的智能化,通过数据分析实现国家治理决策的科学化,以寻求适应社会发展要求的治理方式和方法。如吴沈括教授认为:数据治理成为网络空间国际治理对话博弈的核心命题之一,国际数据治理的话语对象逐渐从个人数据延伸到非个人数据昭示着世界各国围绕数据合作与竞争的持续深化,以欧美为代表的国际数据治理进路已然呈现出从立法执法到国际博弈的多层次新走向。[1]何渊教授认为:欧盟和美国就数据保护的国家立法管辖权展开了"殊死争夺",其本质是数据本地化和数据全球化的对抗。美国、欧盟、日本三方正在加速数据保护规则的融合,试图在数字经济领域用双方贸易规则取代 WTO 框架下的多边贸易规则。[2]陈火全教授认为:大数据时代,数据已经成为最重要的资源,数据治理特

---

[1] 吴沈括:《数据治理的全球态势及中国应对策略》,载《电子政务》2019 年第 1 期。
[2] 何渊等:《大数据战争:人工智能时代不能不说的事》,北京大学出版社 2019 年版,第 3—4 页。

别是隐私保护成为学者们研究的热点问题。他分析了大数据时代的隐私危机,在研究基于信誉机制的 P2P 网络安全策略的基础上,提出了大数据背景下数据治理的网络安全策略。[1]陈万球、石惠絮教授则从城市治理的角度探讨了数据的异化以及数据的治理,认为:"实现城市善治目标,必须以充分掌握治理对象各种信息为前提。大数据技术正好与城市治理对信息的巨大需求不期而遇。大数据技术使城市善治真正成为可能:它不仅转换治理主体思维,提升城市治理能力,而且将变革城市治理模式,塑造城市的未来。"[2]

(二) 关于数据权利的研究

有关数据权利的研究,大多数学者都认为数据是一种权利,应该对数据权利给予积极的保护。其中,程啸教授认为:大数据时代的个人数据权利保护需要对自然人的权利保护与平台企业数据流通的利益保护进行权衡。个人数据通过传统的私权制度进行保护,平台企业的数据权利是新型的财产权。[3]李爱君教授着重于从数据权利出发,以数据权利结构为逻辑起点,以数据客体为核心,对数据权利属性进行研究。李爱君教授认为:由于数据具有客体属性、确定性、独立性,存在于人体之外,因此数据权利属于民事权利。[4]吕志祥、张强则认为:"数据作为信息技术发展后的存储介质,自发地与人们的财产权利、人格权利相连接,形成了一种存在广泛争议的权利形态,并且需要得到自身发展的路

---

[1] 陈火全:《大数据背景下数据治理的网络安全策略》,载《宏观经济研究》2015 年第 8 期。
[2] 陈万球、石惠絮:《大数据时代城市治理:数据异化与数据治理》,载《湖南师范大学社会科学学报》2015 年第 5 期。
[3] 程啸:《论大数据时代的个人数据权利》,载《中国社会科学》2018 年第 3 期。
[4] 李爱君:《数据权利属性与法律特征》,载《东方法学》2018 年第 3 期。

径。"在私法中,"法无规定皆自由"的精神,使我们看到民法领域可以作为数据权利进入法律体系的突破口,提升整个社会对数据权利的认知。[1]肖建华、柴芳墨指出:数据权利是一项复杂的权利,其权利主体包括个人、信息业者、其他组织和国家,其保护法益包括人格法益和财产法益。数据财产权转让方式比较接近知识产权,交易双方之间的法律关系为许可使用合同法律关系。[2]邓刚宏认为:厘清我国数据权属,有必要脱离我国学界主流的以财产权说、知识产权说为逻辑起点的数据权属定位,将其直接定位为数据权,并明确这一权利的属性特征,对数据权利进行分类,厘清数据权利类型的边界,进而根据不同权利类型设计不同保护路径。我国个人数据保护可以借鉴权利体系中其他权利保护的路径与制度,数据权利的保护要着重规范数据使用过程中数据主体的行为规范,建立数据使用过程中关于数据权益保护的法律制度。[3]

关于权利理论的研究有两种著名的学说。一种是由萨维尼、哈特、凯尔森等主张的"意志理论",强调权利人的支配力。萨维尼是意志理论的开创者。萨维尼法律关系中最重要的就是权利理论,具体表现为,他把法律关系的本质理解为"个人意志独立支配的领域",而该"个人意志所支配(该支配须经由我们同意)的领域"即"权力"。[4]温德沙伊德(Windscheid)对权利也有大致

---

[1] 吕志祥、张强:《大数据背景下数据权利的法理分析》,载《昆明理工大学学报(社会科学版)》2019年第1期。
[2] 肖建华、柴芳墨:《论数据权利与交易规制》,载《中国高校社会科学》2019年第1期。
[3] 邓刚宏:《大数据权利属性的法律逻辑分析——兼论个人数据权的保护路径》,载《江海学刊》2018年第6期。
[4] 朱虎:《法律关系与私法体系:以萨维尼为中心的研究》,中国法制出版社2010年版。

相同的理解:"权利是法律秩序所赋予的意欲准许、权力或支配。"[1]另一种是由边沁、耶林、拉兹等主张的"利益理论",强调权利人的利益。边沁区分了三种基本的权利类型,即政治权利、法律权利、道德权利,并依据与义务观念的不同关系区分出两类权利作为其研究权利理论的起点:一类为无义务的权利,另一类为由法律施加义务的权利。[2]耶林认为,权利的本质不在于意志,而在于它所指向的目的。在耶林看来,真正具有目的性的是"利益",而"意志"则不具有"实践目的性"。[3]

(三)关于数据保护和数据流通关系的研究

关于数据保护和数据流通之间关系的探讨,近些年快速升温,得到了学者们的热烈讨论和广泛关注。学者们认识到"数据"不同于传统的物,具有复合价值。传统的权利保护理论会阻碍数据的发展和流通,因此需要构建新的数据保护理论。如梅夏英教授认为:"数据"是新型的法律对象,具有互惠分享的特征,因此在对数据进行保护时应转换思维模式,建立"分享-控制"的理论结构。[4]高富平教授认为:个人信息具有社会性、公共性的特征,不仅有个人利益的面向,还有他人、社会利益的面向,因此主张建立平衡个人利益和社会利益的个人信息保护制度。[5]周汉华教授认为:在大数据时代,由于数据本身的特性,信息控制者对其

---

[1] Bernhard Windscheid, Lehrbuch des Pandektenrechts, erster Band, Dusseldorf: Verlagshandlung von Julius Buddeus, 1862, S. 81.

[2] 彭诚信:《现代权利理论研究——基于"意志理论"与"利益理论"的评析》,法律出版社 2017 年版,第 57 页。

[3] 朱庆育:《耶林权利理论述略》,载《第四届罗马法、中国法与民法法典化国际研讨会论文集》,2009 年 10 月,第 784 页。

[4] 梅夏英:《在分享和控制之间 数据保护的私法局限和公共秩序构建》,载《中外法学》2019 年第 4 期。

[5] 高富平:《个人信息保护:从个人控制到社会控制》,载《法学研究》2018 年第 3 期。

有很强的利用激励而缺乏同等程度的保护激励。如果立法缺乏科学性，只是简单施加各种强烈性外部要求，忽视信息控制者内在激励机制的设计，就不能消除失衡的根源。只有外部要求与内生激励相容，才能实现大数据利用与个人信息保护协调发展。[1]龙卫球教授则从企业数据保护的角度出发探讨了财产权，他认为：企业是发展数字经济时代不可或缺的力量，企业是否愿意投入数字经济主要在于法律能否保护企业的数据权利。传统的财产权无法保护企业数据权利，其主张构建具有外部协同性的财产权设计。[2]

（四）关于数据的信息伦理、道德和法律困境的研究

关于大数据时代困境问题的研究主要集中在隐私保护、数据伦理、信息伦理等方面。大数据时代给人们的生活带来便利的同时也使得人们慢慢地失去了自由、隐私。在海量数据关联的数字时代，个人的私生活、行为习惯、商业活动无时无刻不在被收集，人们成为赤裸裸的人。[3]随着科学技术的发展，监控的手段也变得更不易被人察觉了，监控技术使公众的隐私受到威胁。安全机构、情报机构、私人机构等使用各式各样的设备和技术。美国国家安全局、英国军情五处等是现代化监控的主要国家机关，梯队系统更是目前最强大的全球性监听系统。[4]信息技术的发展使得传统的道德哲学需要被重新审视，民主、公共领域、信任、尊重等概念在互联网背景下也需要获得新的理解，互联网的发展促

---

[1] 周汉华：《探索激励相容的个人数据治理之道——中国个人信息保护法的立法方向》，载《法学研究》2018年第2期。
[2] 龙卫球：《再论企业数据保护的财产权化路径》，载《东方法学》2018年第3期。
[3] [法]马克尔·杜甘、克里斯托夫·拉贝：《赤裸裸的人：大数据，隐私与窥视》，杜燕译，上海科学技术出版社2017年版。
[4] [英]约翰·帕克：《全民监控：大数据时代的安全与隐私困境》，关立深译，金城出版社2015年版。

进了全球伦理的更新。[1]人工智能、大数据、互联网的发展挑战着法律伦理和社会伦理，如道德算法、设计伦理、开发伦理等新问题成为高度关注的话题，需要加强对数据伦理与算法伦理的研究，为大数据技术发展提供理论支持。[2]数字社会的发展使得传统社会的价值观、言论自由以及道德基础设施等都面临着困境并遭到了挑战。[3]

（五）关于数据保护的路径和方式研究

对于数据保护的路径和方式多是从技术层面切入的，通过将区块链技术、算法治理等数字化的规制方式与法律的规制路径相结合，以更好地保护数字社会中的数据权利。例如区块链、分布式网络、密码学账户等技术改变了传统的交易模式，分布式账本是建立在共识算法基础上以第三方记录全信息数据流的新型账本模式。[4]数据库、云计算等导致了数据的垄断，而区块链是共享、去中心化、开放的革命性新技术，大数据技术和区块链技术的结合将为数据权利保护与数据自由流通的权益平衡提供解决思路。[5]大数据面临着数据孤岛、信息壁垒等问题，而区块链技术具有可追溯且不可篡改的特征，区块链技术的使用可以建立一个记录时间先后、保证数据安全、去中心化的数据库，能够使用户完成交易平台的数据确权。[6]大数据、算法、人工智能等技术在

---

[1] ［荷］尤瑞恩·范登·霍文、［澳］约翰·维克特主编：《信息技术与道德哲学》，赵迎欢、宋吉鑫、张勤译，科学出版社2014年版。
[2] 李伦主编：《数据伦理与算法伦理》，科学出版社2019年版。
[3] Sartor, G & Rotolo, A., *AI and Law*, Netherlands：Springer, 2013.
[4] ［美］保罗·维格纳、迈克尔·凯西：《区块链：赋能万物的事实机器》，凯尔译，中信出版社2018年版。
[5] 井底望天等主编：《区块链与大数据：打造智能经济》，人民邮电出版社2017年版。
[6] 杨永强、蔡宗辉、刘雅卓：《区块链＋大数据：突破瓶颈，开启智能新时代》，机械工业出版社2020年版。

给人们生活带来便利的同时也带来了新的挑战,社会资源的不公平再分配、定向广告推送、行为歧视等都是由"算法经济"所主导,各国需要重新审视反垄断机构的执法工具,以应对新型的市场垄断,保护市场竞争。[1]

综上所述,目前相关的论著集中于对数字时代面临的挑战和机遇、数据权利保护和数据自由流通权益之间的平衡以及数据保护的新思路进行分析和研究,具有较强的理论指导意义,反映了当前最新的、备受关注的学术动态。但是,这些研究主要从社会学、伦理学、政治学、科技学等角度出发对数据保护问题进行研究,而从法学角度出发进行研究的则相对不足,且多是较分散的现象问题研究,缺乏体系构建和理论提炼。

三、研究难点及价值意义

(一) 研究的难点

第一,考察不同国家的数据权利保护构建模式需要有历史视角和国际视角,且每个国家采用的数据权利保护模式都是不一样的,因此分析不同国家模式的深层历史动因以及具体的优缺点是本书的一个难点。

第二,数字经济基础的变革、"信息人"的双重身份、二元结构的解构、算法黑箱、算法歧视,挑战着传统的人权保护。而建立在工商业基础上的传统"三代人权"理论无法对数字时代的"数字人权"进行保护。目前,"数字人权"理论虽然还处于学理讨论阶段,但已经到了要提出的时候,本书欲在"数字人权"理论的指引下,构建新型的数据权利体系对数据权利进行保护。

第三,数据权利保护是具有实践价值和理论价值的课题,需

---

[1] [英]阿里尔·扎拉奇、[美]莫里斯·E. 斯图克:《算法的陷阱:超级平台、算法垄断与场景欺骗》,余潇译,中信出版集团2018年版。

要进行深入的调查和研究。从实践角度看，需要前往各大电商平台进行实地调研，获取第一手资料；更要时刻关注国家乃至国际的发展新态势，及时更新资料，并且深入研究学习。从理论角度看，目前主流的传统权利研究理论"意志说""利益说"有着深远的发展脉络和理论渊源，需要对权利相关著作进行研究。

（二）价值意义

首先，虽然我国的《数据安全法》《个人信息保护法》已出台，但数据安全、个人信息保护的法律问题并未终结。2021年，数据隐私和数据安全问题频发，大规模的数据泄露事件引起了全民关于个人数据安全的担忧。数据不仅是新资源，也与我们的生活、工作息息相关。因此，构建数据权利的新型保护机制、处理好信息保护和数据流通之间的平衡，是我国个人信息保护法律制定的关键。本书积极回应并探索这一核心和关键问题，推进具有中国特色的数据权利保护模式的建立。

其次，主流国家对数据权利保护采取了不同的模式，本书系统阐述了不同国家采取的不同模式的基础理论和深层问题。数据权利保护模式的建立与其所在社会的历史文化不可分割，因为数据不仅体现了个人利益，也体现了企业利益、社会利益、国家利益，是多元利益的体现。本书立足于大数据时代背景，旨在探究建立既能够保护信息主体人格尊严和自由，也能促进个人信息合理收集、利用、流通的数据权利保护机制，形成具有实践性、可操作性的理论研究方案。

最后，深化数字时代权利理论的研究。大数据、区块链、算法等科学技术的发展引领着人们进入了数字时代，而数字时代的权利保护面临着算法黑箱、算法歧视、技术霸权等困境和挑战。传统的"三代人权"理论，从第一代政治权利发展到第二代经济、社会和文化权利再到第三代民族自决权、生存发展权，都是建立在物理空间中的权利保护，数字时代呼吁以"数字人权"为引领的第四代人权。本书欲在"数字人权"理论的指引下，构建数据时代的数据权利体系以对数据权利进行全面保护。

四、研究方法

第一，比较分析法。主要考察美国、欧盟、日本的数据权利保护构建的不同模式，针对美国、欧盟、日本等国家和地区的数字社会法律治理的现状分析其利弊，从而得出比较性的结论，以期回应我国目前的数据权利保护模式。

第二，历史分析法。本书将对数据权利保护的历史研究进行梳理和分析，从而厘清数据权利保护的历史脉络，以期回应目前数字时代中传统数据权利保护的不足，从而构建新型的、具有中国特色的数据权利保护理念、模式与机制。

第三，实证研究法。数据权利保护是一个具有理论价值和实践价值的研究主题。本书拟采取实证分析、个案研究、社会调查等方法，获得第一手研究材料，并深入掌握大量数据的互联网公司以及审理数据纠纷案件的互联网法院等，结合互联网公司的合规体系以及互联网法院的审判实务案件进行研究、分析、总结。

第一章
数据权利保护的缘起与发展

随着科学技术的发展,人类进入了数字时代,数据是数字时代重要的生产资料且具有高额的价值,成为各大互联网平台竞相争夺的重要资源。《中共中央、国务院关于构建更加完善的要素市场化配置体制机制的意见》中提出,数据成为土地、资本、劳动力及技术之外的第五大基本市场要素。国务院《"十四五"数字经济发展规划》中指出,数据要素是数字经济深化发展的核心引擎,数据成为最具时代特征的生产要素。随着互联网、5G技术、人工智能的深度结合,人类进入了万物互联的"大数据时代"。互联网的出现带来了虚拟世界的数据,通过大数据的超级处理,出现了虚实融合的双重空间。大数据时代带来了生活、工作和思维的大变革,同时也带来了数据治理的挑战,数据泄露、伦理挑战、数据权益竞争等问题日益凸显。因此,本章将从梳理个人信息、隐私及数据的基本内涵出发,探讨数据保护的主要理论,进而把握数据权利保护中的核心议题。

第一节 数据的基本内涵

隐私、个人信息、数据是三个不同的法律概念,对于数据基本内涵的把握需要从概念内涵、时代特征以及基本分类三个角度出发。只有厘清隐私、个人信息、数据三者之间的关系,才能更好地分析数据的基本内涵和特征。

一、隐私、个人信息和数据的关系

2020年颁布的《民法典》区分了三个概念：隐私、个人信息、数据。《民法典》规定，隐私权需要受到保护。隐私权主要强调两个方面：一是公民的私人生活安宁，二是指不愿被他人所知晓的私密空间、私密活动以及私密信息。个人信息、数据在《民法典》中并没有上升为权利，而是需要保护的权益。个人信息强调的是"识别"，即信息能否识别出个人。数据强调的是"匿名化"，即经过加工无法识别特定个人且不能复原。《民法典》人格权编第六章对隐私权和个人信息保护进行了专章规定，而对于数据保护，则仅在总则编第五章民事权利中进行了简单的规定。由《民法典》的体例安排可以看出，个人信息体现的是人格权，经过匿名化的数据更多体现的是无形财产权。

（一）概念内涵不同

《民法典》第1032条第1款规定："自然人享有隐私权。任何组织或者个人不得以刺探、侵扰、泄露、公开等方式侵害他人的隐私权。"侵害隐私权的行为主要包括以电话、短信、电子邮件等方式侵扰他人的私人生活安宁，拍摄、偷窥他人的住宅等私密空间，拍摄、偷窥他人的私密部位以及处理他人的私密信息。隐私权强调的是"隐秘性""私密性"，一旦公开就不再属于隐私，隐私是非公开性的。隐私与个人信息存在交集，尤其是个人的敏感信息。私密信息可能既是隐私，也是个人信息。《个人信息保护法》第4条将个人信息定义为，以电子或者其他方式记录的与已识别或者可识别的自然人有关的各种信息，不包括匿名化处理后的信息。由此可见，个人信息不仅包括秘密性的非公开信息，同时也包括非秘密性的公开信息，比如教育经历、联系方式、相貌特征等。隐私权制度的重心在于防范个人的秘密不被披露，而不在于保护这种秘密的控制与利用。[1] 个人信息权则关注的是个人信息的利用,维护个人外在的行动自由。[2] 隐私权是建立在信息封锁上的权利,而个人信息权是建立在信息流通上的权利[3];在《民法典》中,数据是财产权的客体,而个人信息则是人格权的客体,作为财产权客体的只能是数据而非个人信息。《数据安全法》第3条将数据定义为任何以电子或者其他方式对信息的记录。从这个定义中可以看出"数据"和"信息"的关系是载体与内容的关系,所有的"数据"都是信息,但不是所有的"信息"都是"数据"。[4] 数据关注的是"匿名化",不能识别和不能复原两个要件缺一不可。数据和个人信息是可以相互转化的关系,当个人信息通过匿名化处理后可以转化为数据,数据如果通过跨库等相关技术手段又可以重新识别到个人时,此时数据又转化成了个人信息。所以,不能识别且不能复原的"匿名化"是数据与个人信息区分的关键。

(二) 权能保护范围不同

隐私权是工商业时代的产物,强调的是人格利益的保护,关注的是私生活不被打扰的安宁。而个人信息、数据是信息时代的产物,信息时代有三个变化,即"双重空间""人机协同""双重属性"[5],关注的是信息保护与信息流动之间的权益平衡。隐私

---

[1] 王利明:《和而不同:隐私权与个人信息的规则界分和适用》,载《法学评论》2021年第2期。

[2] 邱文聪:《从资讯自决与资讯隐私的概念区分——评〈电脑处理个人资料保护法修正草案〉的结构性问题》,载《月旦法学杂志》2009年第5期。

[3] 韩旭至:《个人信息的法律界定及类型化研究》,法律出版社2018年版,第104页。

[4] 龙卫球主编:《中华人民共和国数据安全法释义》,中国法制出版社2021年版,第7页。

[5] 马长山:《智道 | 这场法律变革中,一个群体正在书写未来》,载微信公众号"法治周末报",2020年7月2日上传,https://mp.weixin.qq.com/s/uBH-fkzfvXUyW5aQLFvemhQ。

权更多体现的是一种消极的权能,主要在于防范与人格尊严密切相关的私生活秘密不被泄露。而个人信息权、数据权更多体现的是积极的权能,主要在于防御他人对权益的侵害,保障权益主体对个人信息或者数据的主动控制。我国《消费者权益保护法》《民法典》《网络安全法》对个人信息的收集和使用作出了相关规定,要求收集、使用个人信息,应当遵循合法、正当、必要的原则,并经个人同意。《个人信息保护法》对个人信息的处理进行了界定,包括个人信息的收集、存储、使用、加工、传输、提供、公开、删除等全生命周期的动态过程。数据的收集和使用需要遵循公开透明、目的限制、存储限制、完整性和保密性等原则。关于欧盟 GDPR 规定的数据可携权、更正权、删除权、被遗忘权等权能,我国《民法典》第 1037 条也有规定:"自然人可以依法向信息处理者查询或者复制其个人信息;发现信息有误的,有权提出异议并请求及时采取更正等必要措施。自然人发现信息处理者违反法律、行政法规的规定或者双方的约定处理其个人信息的,有权请求信息处理者及时删除。"《个人信息保护法》第四章对个人在个人信息处理活动中的权利进行了专章规定,如知情权、决定权、查阅权、复制权、可携带权、更正权和补充权、删除权、解释说明权等。由此可见,我国也赋予了公民数据查询、更正、删除等权利。基于诞生的理论背景的时间不同,工商业时代的隐私权保护的权能范围小于信息时代的个人信息权、数据权保护的权能范围。

(三)侵权归责原则不同

侵权法以权利受到侵害为归责前提,对于隐私,侵权法保护的是私密空间"不被干扰的权利"。在传统单一的物理空间中,隐私侵权的主体通常是特定的,隐私侵权的主客体关系往往是较明晰、简单、易于辨识的,隐私权侵权的归责以权利受到实际侵害为前提和基础。而在数字时代的双层空间中，对个人信息、数据的侵权更多地体现为侵权过程的系统性以及复杂性。数据主体对于数据往往不具备控制性，对个人信息的侵权往往会造成大规模信息的泄露。因此，个人信息、数据的侵权归责前提多以违反相关法律规则为主。传统的隐私侵权行为适用一般侵权法，强调过错责任。而个人信息、数据侵权行为更多地采用过错推定的原则。《个人信息保护法》第69条第1款明确规定："处理个人信息侵害个人信息权益造成损害，个人信息处理者不能证明自己没有过错的，应当承担损害赔偿等侵权责任。"在举证责任中，传统隐私侵权强调"谁主张、谁举证"的举证原则。而随着互联网、人工智能等技术的发展，数据已成为新的财富和新的生产要素，大数据在为我们的生活带来便利的同时也带来了问题：一是数据信息掌控不对称。"所有的数据都由我们自身产生，但所有权却并不归属于我们。"[1]普通民众每时每刻都在生产数据，却无法控制和利用这些数据，也不知道哪些数据被收集了以及如何处理这些被收集的数据。[2]二是技术或者经济等相关方面的原因，如没有互联网设备、缺少互联网知识等，造成了数字鸿沟。"数字鸿沟对一些社会群体进行赋权，而对另一些社会群体则没有。"[3]由于数据掌握的不平等和不公平，数据主体无法控制自身产生的数据，因此在举证责任中，更多地应该考虑举证责任的倒置。

二、数据的时代特征

一些学者认为，大数据的特点表现为"4V"（Volume、Varie-

---

[1] 王天一：《人工智能革命：历史、当下与未来》，北京时代华文书局2017年版，第184页。
[2] 马长山：《数字时代的人权保护境遇及其应对》，载《求是学刊》2020年第4期。
[3] 郑永年：《技术赋权：中国的互联网、国家与社会》，邱道隆译，东方出版社2014年版，第114页。

ty、Velocity、Value），即大数量、多类型、高处理速度、低价值密度。[1]部分学者认为，数据具有公共性、共享性、开放性的基本特征，从私有性基础转向了公共性基础。[2]也有学者认为，数据能够符合传统物权关于财产权的经济性、可特定性以及可转让性的特点。[3]数据已经不再是仅仅存在于物理空间的民法权客体对象，而是存在于赛博空间的载体。在数字时代，虽然数据的价值堪比传统时代的石油，但"数据"不同于"石油"，不同于传统的物，具有特有的时代特征。

（一）非竞争性

数据不同于传统的物，具有非竞争性的特征。数据的价值不在于占有，对于数据的占有并不强调传统物权的垄断性和排他性，获得数据的使用权等同于某种意义上的所有权。同一数据可以同时被多个不同的权利主体掌握，同一数据根据不同的算法可以用于不同的领域产生不同的用途。数据的价值并不会因使用而损耗或者降低，某一权利主体通过使用数据获得利益时并不会造成其他数据主体的经济利益损失。正因为数据具有不强调占有的非竞争性特点，司法实践对于并不完全占有数据的公司，认可其对于数据的竞争性财产权益。如"淘宝诉安徽美景案"中，法院认为，虽然网络运营者对原始数据不享有独立权利，但是其大数据产品的财产权益受到法律保护。法院认为，"生意参谋"这种数据产品是经过淘宝公司长期经营积累而形成的，虽然平台对于数据并不享有所有权，也无法用传统的物权法对数据进行保护，但企业对于数据的竞争性权益是受到法律保护的。

---

[1] 刘铭：《大数据反恐应用中的法律问题分析》，载《河北法学》2015 年第 2 期。
[2] 梅夏英：《在分享和控制之间 数据保护的私法局限和公共秩序构建》，载《中外法学》2019 年第 4 期。
[3] 许可：《数据权属：经济学与法学的双重视角》，载《电子知识产权》2018 年第 11 期。

（二）开放性

数据的价值在于开放流动，而非封闭静止。促进数据的自由流动是数据开放的主要目的，同时数据开放可以打破数据孤岛，提高系统之间服务和协作的能力。[1]公共数据的开放，已然成为全球的发展趋势。美国和欧盟都出台了公共数据开放的相关规定。例如：美国公布的《开放政府数据法案》要求，采取"机器可读"方式向公众开放"非敏感性"的政府数据。此法案高度重视政府数据的作用，政府可以通过开放数据作出更佳的决策。欧盟公布的《开放数据与公共部门信息再利用指令》要求，在统一的平台上开放政府数据和受政府资助的科研项目数据，并探索通过应用程序编程接口（Application Programming Interface，API）开放共享实时数据。目前，我国已经开始重视公共数据的开放，由于立法的滞后性还没有制定关于公共数据开放的专门法律，但是上海已经出台了相关规定。《上海市数据条例》是上海市为了推动数字经济发展而制定的地方性法规。《上海市数据条例》第三章对公共数据进行了专章规定，主张通过利用政府的公共数据提高政府治理社会、服务社会的效率，鼓励数据利用主体在遵循合法、正当的原则下利用公共数据开展科技研究、咨询服务、产品开发、数据加工等活动；同时，还提出了公共数据便捷共享、公共数据授权运营等创新举措。《数据安全法》第五章对政务数据安全与开放作出了相关规定，虽然很多学者在《数据安全法（草案）》公开征求意见阶段对政务数据单独编排成章提出了异议，但 2021 年 6 月正式发布的《数据安全法》对政务数据安全与开放的专章规定，足以表明国家对政务数据开放的重视程度。由此可见，美欧以及我国都意识到数据开放性的特征，数据的价值主要体现于它的高速

---

[1] [美]克莉丝汀·L.伯格曼：《大数据、小数据、无数据：网络世界的数据学术》，孟小峰、张祎、赵尔平译，机械工业出版社 2017 年版，第 5 页。

流动，对于传统"物"之静态立法并不适合对数据的规制。

（三）非独立性

数据不具有独立性。传统物之独立性主要体现在首先具备物理上的独立性，其次具备交易上的价值，最后具备法律价值、法律政策上的独立性。而对于数据：其一，数据不仅受制于架构的设计，还依赖于计算机代码而存在。数据的发展在很大程度上依赖于技术基础设施的发展。数据存在于网络之中，不是物理空间中传统的"物"，其依赖于代码以及其他因素才能发挥作用。其二，数据本身并不具备独立性。单个的数据没有价值，只有将大量的单个数据在法律上进行聚合之后再抽象为数据池才具备交易上的价值。在微信数据权益之争"腾讯诉群控软件案"中，法院将单个原始数据和网络平台方的数据集进行了区分，认为对于网络平台中的单个原始数据，应强调数据主体的控制权和许可权；而网络平台方掌握的数据集具有交易上的价值，因此对于企业的数据权益应突出强调对数据资源竞争性权益的保护。其三，虽然《数据安全法》《个人信息保护法》已经出台，但目前我国在法律规范和法律价值上对于数据的独立性并没有进行明确。由此可见，从物理上的独立性、交易上的价值性以及法律价值的角度进行分析和阐释，数据具有非独立性的特征。

三、数据的基本分类

依据不同的标准，可以对数据进行不同的分类。依据信息收集渠道不同，数据可以分为个人数据、企业数据、政府数据。根据数据重要性程度不同，数据可以分为敏感数据、重要数据、非个人数据和个人数据。基于数据来源的行业领域不同，可以将数据进行不同行业的分类。依据不同的标准对数据进行不同分类的主要目的在于对数据进行不同程度的保护，对个人数据权利的保护是前提和基础，同时也要促进数据的流动和使用，实现数据主体隐私权益保护和数据控制者、数据处理者合理使用权益保护之间的平衡。

（一）按数据的收集渠道

数据收集的渠道不同，有些数据从消费者、用户等个人处收集，有些数据从各大平台、企业日常运营中收集，还有一些数据从政府的日常公共服务中收集，因此数据可以分为个人数据、企业数据以及政府数据。根据数据收集渠道的不同对数据进行分类，有助于对不同的数据采用不同的公开标准，进行不同程度的保护。对于不同渠道收集的数据，合法性标准的规定是不同的，例如：对个人数据的收集，知情同意是合法性前提；对企业数据及政府数据的收集，更多强调的是合比例原则。

1. 个人数据

个人数据多是从消费者、用户等个人主体处收集的信息。随着互联网、数据分析、数据挖掘等技术的发展，对收集到的个人数据进行数据分析、数据挖掘等，使得个人数据价值连城。在对个人数据进行收集时，数据主体的知情同意是合法性的基础。《个人信息保护法》第 13 条对个人信息处理的合法性根据作出了规定。总的来说，个人信息处理的合法理由有两大类：一是告知并取得个人同意，即处理行为的合法性来自信息主体的有效同意；二是法定理由，即在具备法律、行政法规规定的情形或理由的时候，处理者无须取得个人同意即可实施个人信息处理活动。[1]《民法典》第 1034 条和第 1035 条对自然人的个人信息保护进行了规定，自然人的个人信息受到法律保护，在处理个人信息时应当遵循合法、正当、必要的原则，自然人或者监护人的同意是收集

---

[1] 程啸：《个人信息保护法理解与适用》，中国法制出版社 2021 年版，第 115 页。

个人数据的合法性基础；《网络安全法》第 41 条对网络运营者收集个人信息作出了相关规定，被收集者的同意是合法性前提和基础；《消费者权益保护法》第 29 条对经营者收集和使用个人信息作出了相关规定，收集、使用个人信息首先必须经过消费者的同意，其次需要阐明收集、使用个人信息的目的和范围。由此可见，《个人信息保护法》、《民法典》、《网络安全法》以及《消费者权益保护法》都将数据主体的知情同意作为企业收集个人信息的合法性基础。对个人进行告知，赋予了个人选择权，这不仅包含着对个人人格的尊重，同时使得个人能够在一定程度上防范和预期相关的风险。[1] 在"新浪微博诉脉脉案"中，法院提出了"三重授权原则"：第一，"用户授权"，指用户同意微博可以收集用户数据；第二，"平台授权"，强调微博同意脉脉的数据抓取行为；第三，"用户授权"，指用户同意微博将数据共享给脉脉。法院认为只有同时满足这三重授权，微博的数据才能合法地共享给脉脉。由此可见，在数据不正当纠纷案件中，数据主体的知情同意是法官需要保护的首要利益。

2. 商业数据

商业数据主要指各大互联网企业在生产经营活动中产生和经营的数据，例如与企业经营活动相关的产品数据、经营数据以及研究数据等。数据控制者、数据处理者对于生产经营过程中收集的商业数据具有合理使用的权益。大数据时代，数据权利保护和数据流动的平衡是数据法的核心问题。如果给予数据主体绝对的保护，可能导致数据无法产生集合性"数据池"的集体性价值，甚至可能出现"反公地悲剧"。数据产业的健康发展离不开对个人

---

[1] 丁晓东：《个人信息权利的反思与重塑 论个人信息保护的适用前提与法益基础》，载《中外法学》2020 年第 2 期。

信息的保护，但也应该平衡数据流通与个人信息保护之间的关系。[1]对于数据，可以基于重要性和行业领域的区分进行分级分类保护，《数据安全法》确立了中央和地方两个层面的数据分级分类管理制度。我国《互联网个人信息安全保护指南》针对不同类别的敏感信息制定了不同的收集规则，《民法典》也已经将隐私权、个人信息和数据进行了区分，这使得未来数据流动的空间越来越大。在"淘宝诉安徽美景案"中，法院认为"生意参谋"数据产品具有商业价值，淘宝公司付出了人力、物力、财力，对于"生意参谋"享有竞争性权益。在微信数据权益之争"腾讯诉群控软件案"中，法院也指出网络平台对于数据资源享有竞争性权益。但在这两个案件中，法院都强调的是权益保护，并不是权利保护，权益体现的是具体个案中特定主体之间特定利益的权衡和考量。

3. 公共数据

公共数据指公共部门在行政管理过程中产生的数据。公共数据涉及各个方面，比如医疗、金融、教育等。目前，产生于各行各业的公共数据价值并没有被充分利用，但国家越来越重视对公共数据的开放和利用，我国正在推动公共数据的共享和资源开放。《数据安全法》第五章对政务数据安全与开放进行了专章规定，首次在法律中明确支持、鼓励政务数据的开发利用，将相关规范性文件上升为国家法律，以进一步提升法律效力。[2]国务院印发的《促进大数据发展行动纲要》中提出："形成政府数据统一共享交换平台。充分利用统一的国家电子政务网站，构建跨部门的政府数据统一共享交换平台。"公共数据的开放能够打破信息孤岛，对

---

[1] 王利明：《数据共享与个人信息保护》，载《现代法学》2019年第1期。
[2] 龙卫球主编：《中华人民共和国数据安全法释义》，中国法制出版社2021年版，第125页。

于数据的开发和利用能够起到积极作用。政府公共信息的公开可以保障公众的知情权，能够提高政府的透明度与责任度，提升政府信息的管理水平。[1] 在新冠疫情防控过程中，政府信息公开是疫情最好的"特效药"。在公开政府信息的同时还需要对政府数据进行开放。将公共数据以完整的、可机读的方式对社会进行公开，有助于在消除公众恐慌的同时提升政府公信力。[2] 在大数据的利用过程中，应当强调公私协力、合作治理及多元主体的参与，建立政企合作的数据合作交流机制，引导企业、行业协会等单位依法开放自有数据。[3] 在维护公民知情权的前提下，更好地实现政府数据的社会价值。

（二）按数据的重要程度

根据重要程度的不同，数据可以分为重要数据、敏感数据、个人数据以及非个人数据。针对不同重要程度的数据，在数据收集和使用过程中对数据的保护程度也是不同的。

国家互联网信息办公室于 2017 年 4 月发布的《个人信息和重要数据出境安全评估办法（征求意见稿）》，第一次对"重要数据"进行了界定。"重要数据"，指"与国家安全、经济发展，以及社会公共利益密切相关的数据"。《数据安全管理办法（征求意见稿）》第 38 条第 5 项规定，重要数据指一旦被泄露可能直接影响国家安全、经济安全、社会稳定、公共健康和安全的数据，如未曾公开的政府信息，有关人口和基因健康的数据，或者关于地理

---

[1] 夏义堃、丁念：《开放政府数据的发展及其对政府信息活动的影响》，载《情报理论与实践》2015 年第 12 期。

[2] 何渊：《政府信息公开及数据开放为何是武汉疫情的最好"特效药"?!》，载微信公众号"数据法盟"，2020 年 1 月 23 日上传，https：//mp.weixin.qq.com/s/IQj3Nu3EAcvcuDK5pRwyQw。

[3] 何渊：《疫情当前，应该公开和开放哪些政府信息?》，载微信公众号"财经 E 法"，2020 年 1 月 30 日上传，https：//mp.weixin.qq.com/s/KnANohys0whwEC2VbFgsWQ。

矿藏资源的数据,等等。《个人信息保护法》第二章第二节对敏感个人信息进行了专门规定,明确了敏感个人信息的处理原则,即必须满足基于特定目的、充分必要性、采取严格保护措施三个构成要件才可以处理敏感个人信息。我国《信息安全技术 个人信息安全规范》(以下简称《个人信息安全规范》)指出,敏感数据多指一旦被泄露或者被滥用可能危害数据主体的人身和财产安全,容易导致数据主体的个人名誉、身心健康以及财产受到损害的数据,或者被非法提供后导致歧视性待遇的个人信息。[1]例如,银行账号、通信记录、征信信息、生理健康、政治面貌、工资收入、婚姻状态等。《个人信息保护法》还将不满14周岁未成年人的个人信息列入敏感信息的范畴中。在我国发布的《信息安全技术 公共及商用服务信息系统个人信息保护指南》和《个人信息安全规范》中,个人信息被分为一般信息和敏感信息,对于敏感信息的收集需要获得信息主体的明示同意授权。《互联网个人信息安全保护指南》针对不同类别的敏感信息作出了不同的收集限制:对于公民的种族、民族、宗教信仰等敏感数据,不应大规模地收集或处理;对于个人生物识别信息,则禁止收集原始信息而应收集摘要信息。敏感数据不同于重要数据,敏感数据的主体是个人,而重要数据的主体是国家,是从整体利益角度出发界定的。个人数据与非个人数据的区别主要在于:个人数据与人格权、隐私权相关,在数据收集的过程中强调数据主体的知情同意;而非个人数据更加强调数据的财产属性,如《民法典》第127条将非个人数据与虚拟财产放在一起作出规定。非个人数据的本质是财产,如企业的工业数据。

(三)按数据的行业领域

数据以行业领域为标准进行分类,可以分为金融数据、健

---

[1] 何渊主编:《数据法学》,北京大学出版社2020年版,第135页。

康医疗数据、消费数据、公共数据、儿童数据、就业数据以及教育数据等。不同领域的数据关注的重点和保护的核心都不相同。

金融数据多指金融机构在办理金融业务时收集和使用的信息。《中国人民银行金融消费者权益保护实施办法》第 27 条对个人金融信息进行了界定:"个人金融信息,指金融机构通过开展业务或者其他渠道获取、加工和保存的个人信息,包括个人身份信息、财产信息、账户信息、信用信息、金融交易信息及其他反映特定个人某些情况的信息。"对于金融数据,重点关注的是金融消费数据融合和共享之间的合法性框架问题。健康医疗数据常常与数据主体的生命健康相关联,一旦泄露或者被滥用将会严重危害数据主体的权益。《国务院办公厅关于促进和规范健康医疗大数据应用发展的指导意见》将健康医疗大数据确定为重要的基础性战略资源。对于健康医疗数据,重点关注的是个人信息保护和产业发展之间的平衡。

何为消费数据?在日常生产生活中,消费者无论是在线上还是在线下消费时所产生的数据都被称为消费数据。例如,消费者在办理会员卡时留下的姓名、个人邮箱、家庭地址以及支付数据等。对于消费数据,重点关注的是消费歧视、价格歧视等带来的消费者权利保护相关问题。公共数据一般指公共机关在履行法定职责过程中收集或者掌握的相关数据,具有公益性的特点。对于公共数据,关注的是数据的开放以及分级分类机制建立的相关问题。儿童数据在我国指 14 周岁以下的未成年人在互联网上进行相关活动时产生和形成的数据。《个人信息安全规范》指出,收集未成年人的信息需要征得法定监护人的同意。对于儿童数据,关注的是如何对儿童进行特殊保护以及如何确认监护人是否同意收集信息。对于就业数据,关注的是数据共享和交易的合法性框架,尤其是职场数据监控的法律边界问题。而对于教育数据，更多关注的是教育行业如何在数据的支撑下实现智能化，如何避免教育机构利用数据进行过度营销，侵犯学生和家长的隐私权利。

第二节　数据权利保护的历史演变

个人数据权利保护的法学理论主要有三个来源，即隐私权说、人格权说、财产权说。值得一提的是，无论是隐私权理论、人格权理论，还是财产权理论，都有其自身的发展历程。美国的信息隐私权保护起源于隐私权理论，随着信息技术的发展，隐私权理论从强调"独处"发展到关注"信息隐私"。德国的个人数据保护制度起源于从一般人格权中发展出来的个人信息自决权理论，德国在宪法中对数据权利保护进行了规定。相较于隐私权理论、个人信息自决权理论，财产权理论是相对小众的理论，其主张利用协议自治或者交易成本制度经济学理论对数据权利进行保护。

一、隐私权理论

个人数据权利保护起源于美国的隐私权理论。到底何为隐私权？隐私权既可以被视为物理的私人空间不被打扰的权利，也可以包括个人在数字、虚拟世界中不受干扰的权利。隐私包括私人空间的隐私、公共空间的隐私以及公共领域内的隐私。私人空间的隐私强调的是私人空间"不被干扰"；公共空间的隐私则与"监视"相关，包括可以被瞬间遗忘的公共空间里的监视信息以及能够被保留下来的搜索信息；而公共领域内的隐私主要与"数据"相关，其涉及的是如何控制数字监视所获得的数据的问题，这种控制针对的是任何监视公民行为的个人。数据高速发展对隐私造成的威胁体现在两个方面：一是"数字监视"；二是私人组织对于信息的收集。[1]隐私权理论起源于美国，是在自由主义思想影响下的产物。伴随着互联网技术的进步，美国的隐私权理论从强调不受打扰的"独处权"发展出强调个人主体控制个人信息的"信息隐私权理论"，这样的发展体现出从隐私权到信息（数据）权利的转变。

（一）"独处权"的隐私权理论

最早提出"独处权"隐私概念的是托马斯·库勒（Cooley）法官，他认为隐私权是"独处而不受外界干扰的权利"[2]。随着科技的进步和印刷媒体的发展，隐私权兴起。1890年，美国律师路易斯·布兰代斯（Brandeis）和塞缪尔·沃伦（Warren）在《哈佛法律评论》上合作发表了《隐私权》一文，这篇文章是现代隐私权理论的开山之作，一直影响美国到现在。此文的标题虽然为"隐私权"，但文章并没有对权利进行讨论，而是在讨论隐私理念的问题。文章也并没有解释到底何为"隐私权"，而是重点论述隐私为什么重要以及当时已有的法律制度，如诽谤法、财产法、合同法为何不足以保护隐私的问题。基于此，作者提出了一个观点：普通法可以非常容易地发展出一种保护隐私的救济办法。

1960年，著名侵权法学者威廉·普罗瑟（William Prosser）在研究了布兰代斯和沃伦的《隐私权》之后，整理了关于隐私侵权的300多起案件，在《加利福尼亚法律评论》上发表了《隐私》一文。普罗瑟总结了隐私侵权的四种类型：侵扰他人独处或者侵入他人私人事务的侵权行为（intrusion upon one's solitude or private affairs）、公开披露他人私人事务的侵权行为（public disclosure of

---

[1]［美］劳伦斯·莱斯格：《代码2.0：网络空间中的法律》（修订版），李旭、沈伟伟译，清华大学出版社2018年版，第215—240页。
[2] Warren, S. D. & Brandeis, L. D., "The Right to Privacy", *Hav. L. Review*, Vol. 5, 1890.

private facts)、在公众面前曝光丑化他人隐私的侵权行为（publicity in a false light）、为了私利使用他人姓名或者肖像的侵权行为（appropriation of plaintiff's name or likeness）。[1]普罗瑟教授的四分法对美国的立法和司法实践都产生了深远的影响。其隐私侵权的四分法基本被《美国侵权法重述》（第二版）全面认可。普罗瑟教授对布兰代斯和沃伦提出的"隐私权"理论进行了系统化，同时扩展了隐私法在侵权领域中的发展空间。

（二）信息隐私权理论

随着信息技术的发展，关于个人信息保护的呼声越来越高。为了适应社会的发展变化，美国从强调独处的隐私权发展出了强调自主控制的信息隐私权。1967年，威斯汀（Alan F. Westin）在《隐私与自由》一书中提出了"信息隐私权"。"所谓信息隐私权，指自然人对自己的个人信息所享有的完全控制权，比如在什么时间、以什么样的方式将自己的何种信息公开，都由个人信息主体自主决定。"[2]从威斯汀对"信息隐私权"的定义中可以看出，在信息时代，隐私权更多体现的是一种决定权，决定何时、以何种方式以及公开何种信息的权利。

从立法的层面看，美国《1974年隐私权法》首次明确确认了信息隐私权。[3]从司法的实践层面看：1965年，美国联邦最高法院在"格里斯沃尔德诉康涅狄格州案"（Griswold v. Connecticut）中确认了"自治性隐私权"[4]；1967年，美国联邦最高法院在"卡茨诉美国案"（Katz v. United States）中确立了"物理性隐私

---

[1] William L. Prosser, "Privacy", *California Law Review*, Vol. 48, 1960, p. 389.
[2] Alan F. Westin, *Privacy and Freedom*, Atheneum, 1976, p. 7.
[3] David M. O'Brien, *Privacy, Law and Public Policy*, Praeger Publishers, 1979, p. 204.
[4] See Griswold v. Connecticut, 381 U. S. 479 (1965).

权"[1]；1977 年，美国联邦最高法院在"惠伦诉罗案"（Whalen v. Roe）中首次系统性地阐述了"信息隐私权"[2]，在该判决中，法官认为自然人对于自己个人的信息享有控制权；1977 年，美国联邦最高法院在"尼克松诉总务署署长案"（Nixon v. Administrator of General Services）中再次确认了"信息隐私权"[3]；1989 年，美国联邦最高法院在"美国司法部诉新闻自由记者委员会案"（United States Department of Justice v. Reporters Committee for Freedom of the Press）中对信息隐私权作出了界定，指"自然人所享有的关于自身利益的个人信息的控制权"[4]。

威斯汀的信息隐私权理论在司法实践中得到了美国联邦最高法院的认可，法院在具体个案中对信息隐私权理论进行了系统的阐释。信息隐私权理论的核心是"控制权"，信息隐私权指自然人所享有的对其个人信息以及能够被识别的个人信息的获取、披露和使用予以"控制"的权利。[5]威斯汀的信息隐私权理论对美国的数据立法产生了深远影响。随着大数据时代的发展，隐私控制理论逐渐朝着数据控制理论的方向转化，《加州消费者隐私法案》（California Consumer Privacy Act，CCPA）解决的核心问题之一就是个人数据控制及处理的合法性基础问题。[6]

（三）隐私权理论的评析

隐私权理论起源于美国。在美国，隐私作为一种社会价值，从被承认到作为一种制度保护是一个不断限缩的过程。对于美国

---

[1] See Katz v. United States, 389 U. S. 347 (1967).
[2] See Whalen v. Roe, 429 U. S. 589 (1977).
[3] See Nixon v. Adiminstrator of General Services, 433 U. S. 425 (1977).
[4] See United States Department of Justice v. Reporters Committee for Freedom of the Press, 489 U. S. 749 (1989).
[5] 张民安主编：《信息性隐私权研究——信息性隐私权的产生、发展、适用范围和争议》，中山大学出版社 2014 年版，第 3 页。
[6] 何渊主编：《数据法学》，北京大学出版社 2020 年版，第 36 页。

而言，其面对隐私，是如何突破限制的问题。美国隐私权的限缩可以追溯至普罗瑟1960年总结出的四种隐私侵权类型，这四种隐私侵权类型在美国隐私发展的历史上产生了深远影响。普罗瑟对于"隐私"是持怀疑态度的，所以在归纳整理四种隐私侵权类型时，有意地对隐私保护的范围进行了限缩。之后很多学者指出这样的限缩导致隐私权在美国的发展受到了限制，这也是目前隐私权无法在数字时代跟上科技发展步伐的重要原因之一。美国的隐私保护不同于欧洲的数据保护，欧洲的数据保护使用了非常宽泛的个人数据概念，对于欧洲而言，需要解决的是如何明确数据保护的实际范围。美国的隐私权理论，从"独处权"的隐私权理论到信息隐私权理论再到数据控制权理论，体现了从"不被打扰"的消极状态到对个人信息"自主控制"的积极状态的转变。隐私权理论作为个人数据权利保护的基本理论起源之一，在个人数据权利保护中起着不可或缺的重要作用。

二、个人信息自决权理论

个人信息自决权理论起源于德国。在德国，一开始个人信息并没有法律上的地位，直到1983年德国法院在"人口普查案"的判决中确认了个人信息自决权，才使得个人信息在法律中得到了认可。德国个人数据保护的特点是从公法保护逐渐扩展到私法保护。《德国民法典》先前并没有关于人格权的相关规定，但随着大数据时代的来临，《德国基本法》为了解决数据保护和确权相关问题，对"个人信息自决权"进行了规定。之后，"个人信息自决权"逐渐体现在《德国民法典》中。德国的个人信息自决权从最初就被定位为宪法基本权利，之后将其范围扩展到"已识别（直接）或是可识别（间接）自然人的任何数据"，以此来回应大数据时代的信息保护需求。[1]

（一）作为人格权保护的个人信息自决权

德国的个人信息自决权理论归属于一般人格权的范畴，人格权的基础是人的尊严。数据不同于传统的物，具有多元价值。数据包含着数据主体的自由、尊严等人格利益，同时还涵盖了数据主体相关的财产权益，数据权利具有双重面向。关于个人信息的价值识别问题，个人信息包括信息主体的人格尊严和自由价值已经成为共识。"人的尊严"自古以来就是法学家们探讨的重要概念，无论是斯多葛学派从共同人性论的角度出发进行的人格尊严探讨，还是西塞罗（Cicero）和塞涅卡（Seneca）对人格尊严和人的价值的进一步强调，都表征着人是主体，拥有人之所以为人的价值和尊严。人的尊严具有无法衡量的至高价值，是不可侵犯、不可凌辱的。从法律规定的角度来看，隐私权是保护人格尊严的手段和方式。[2]进入信息时代，人机协作的生产生活方式一直伴随着我们，甚至机器人索菲亚还被授予了公民身份。虽然机器人的开发给我们的生活带来了便利，但人的主体地位是不能被动摇的。在现代社会，人格尊严主要体现在两个方面：一方面是个人的独处私人空间不受随意侵犯，即公民的隐私权要受到保护；另一方面是个人在社会公共空间中的自主决定权需要被社会认可并被法律保护。[3]随着数字时代的到来，数据黑产、数据泄露等问题频发，保护人的尊严是"个人信息自决权"的第一要义。

德国学者施泰姆勒（Steinmüller）最早提出了"个人信息自决

---

[1] 赵宏：《信息自决权在我国的保护现状及其立法趋势前瞻》，载《中国法律评论》2017年第1期。
[2] 可欣：《论隐私权》，吉林大学2007年博士学位论文。
[3] 胡玉鸿：《法律的根本目的在于保障人的尊严》，载《法治研究》2010年第7期。

权"的概念,具有重要意义。[1]"个人信息自决权"强调的是信息主体对于个人信息自我决定的权利。德国个人信息自决权的概念起源于其联邦宪法法院对"人口普查案"所作的判决。1982年,德国联邦政府颁布《人口普查法》,决定计划在全国范围内对公民进行全面的资料收集,包括人口、职业、住所和工作等几乎全部个人资料。有人就此提起宪法诉讼,要求宣告《人口普查法》违宪。德国联邦宪法法院通过诉诸《德国基本法》第1条第1款的"人性尊严"条款及第2条第1款的"一般人格权"条款推导出了"个人信息自决权"。[2]德国的"个人信息自决权"有其自身的发展脉络,1896年《德国民法典》颁布,但是当时并没有规定隐私权,之后德国联邦宪法法院在判例中根据"一般人格权"条款推导出了"个人信息自决权",再后来,德国民法中才对隐私权进行了确认和规定。当民法对隐私权进行了相关保护之后,"个人信息自决权"理论从宪法的公法层面迈入了民法的私法层面。对于个人信息自决权的保护不仅包括自动化的个人信息,也包括非自动化的个人信息。目前,德国的《联邦数据保护法》在信息自决权理论的指导下对个人数据权利进行保护。[3]

(二)个人信息自决权的法律界限

个人信息自决权赋予信息主体对于个人信息的可支配权利。在大数据时代,个人信息自决权对于个人数据的权利保护起到了积极作用。因此,德国的个人信息自决权理论被许多国家和地区认可,在司法实践中也得到了认可和适用。在日本,"自我信息控

---

[1] 杨芳:《隐私权保护与个人信息保护法——对个人信息保护立法潮流的反思》,法律出版社2016年版,第46页。

[2] 赵宏:《信息自决权在我国的保护现状及其立法趋势前瞻》,载《中国法律评论》2017年第1期。

[3] 任龙龙:《大数据时代的个人信息民法保护》,对外经济贸易大学2017年博士学位论文。

制权学说"是宪法隐私权的主流学说,为日本的立法实践奠定了良好的基础。[1]王泽鉴先生提出:"个人信息自主权是隐私权法律体系中最为关注的权利。"[2]王利明认为:"公民对个人信息的控制是个人信息权利保护的最关键因素。"[3]个人信息自决权在公法层面体现为公民对于个人信息作出"决定"的权利不能受到政府非法的侵犯;在私法层面体现为信息主体的个人权利不受企业、平台等机构的不法或不合理的侵犯。虽然德国联邦宪法法院对个人信息自决权进行了相关确认和保护,但个人信息自决权并不是一个绝对性权利,信息主体对于个人信息并没有绝对排他或者是无限控制的权利。虽然是个人信息,但个人信息的产生与社会息息相关,因此个人信息自决权在使用过程中应该受到社会公共利益、国家安全利益等的限制,且符合合法性原则、合理性原则及比例原则。

(三) 个人信息自决权理论的评析

关于信息保护,无论是德国的"个人信息自决权",还是欧洲其他国家的数据保护,都与美国的隐私保护呈现出不同的保护路径和方法。欧盟很早就开始关注"数据保护":1970年,德国黑森州制定了世界上第一部数据保护法。1973年,瑞典颁布了世界上第一部国家层面的数据保护法。1995年,欧盟层面的第一部数据保护法《数据保护条例》诞生。1995—2009年,欧盟法院在解释关于数据保护和隐私权相关问题时,将数据和隐私理解为相同权利。2009年,《欧盟基本权利宪章》颁布,在人权条款里规定了两种独立的权利:隐私权和个人数据保护权。至此,欧洲将隐私权

---

[1] 葛虹:《日本宪法隐私权的理论与实践》,载《政治与法律》2010年第8期。
[2] 王泽鉴:《人格权的具体化及其保护范围·隐私权篇(中)》,载《比较法研究》2009年第1期。
[3] 王利明:《论个人信息权在人格权法中的地位》,载《苏州大学学报(哲学社会科学版)》2012年第6期。

保护和数据保护进行了区分。欧洲由于在二战前后遭受了法西斯主义和纳粹主义的摧残,所以在制定数据保护的相关规定时,使用了非常宽泛的"个人数据"概念。因此,欧洲数据保护需要解决的是如何明确数据保护实际范围的问题,与美国隐私保护需要解决如何突破数据保护限制的问题恰好相反。数据保护法不仅应关注数据保护,还要有促进数据自由流动的目标,如个人信息自决权应受到社会公共利益、国家安全利益等的限制。

三、财产权理论

对于数据权利保护的理论,美国和欧洲学者多从隐私权和人格权的角度进行研究。20世纪60年代开始,有些学者主张从财产权理论角度出发对个人信息保护进行研究,如基于协议的市场自治理论以及以交易成本理论为基础的制度经济学理论。学界关于数据权利的财产权理论主要包括两个层面:一是认为个人数据虽是人格权,但有财产性利益;二是认为个人数据是一种新型的财产权。在中国,也有一些学者支持从财产权理论角度保护个人数据。如:郭明龙提出,依据直接个人信息与间接个人信息的不同分类,通过财产权予以差异化保护。[1] 刘德良以黑格尔的动态规则为理论出发点,强调个人信息是可以自由使用和处分的财产。[2] 也有一些学者反对以财产权理论保护个人数据。如:梅夏英认为,从财产权角度对个人信息予以保护不仅缺乏生活常识的支持,也解决不了现实生活中的信息交互性问题。[3] 丁晓东认为,财产权进路保护的弊端在于会造成公民隐私权益保护不足的问题。[4]

---

[1] 郭明龙:《论个人信息之商品化》,载《法学论坛》2012年第6期。
[2] 刘德良:《个人信息的财产权保护》,载《法学研究》2007年第3期。
[3] 梅夏英:《在分享和控制之间 数据保护的私法局限和公共秩序构建》,载《中外法学》2019年第4期。
[4] 丁晓东:《个人信息私法保护的困境与出路》,载《法学研究》2018年第6期。

总而言之，财产权理论相比于隐私权理论、个人信息自决权理论，是非主流的理论。

(一) 基于协议的市场自治理论

随着信息技术的发展，数据成为除土地、资本、劳动力及技术之外的第五大基本市场要素。在 5G、人工智能时代，数据成为一种财富，一种驱动商业的重要模式，成为产业的一部分。数据不仅是"燃料"，本身更是具有巨大价值，各个国家、各大企业都在争抢数据。数据成为商业竞争的关键生产要素，经营者围绕数据资源的争夺和纠纷也愈演愈烈。数据是跨国公司全球运营的基础，同时也是促进全球发展和创新的基础，因此在国际贸易中，不仅要保护个人的数据权利，也要促进数据的流动。美国对于数据的治理主要采取的是"自由式市场＋强监管"模式。

目前，对网络隐私的规制主要包括以下三种模式：其一是关于网络隐私的实质规制，主要指法律对隐私保护进行了实体上清晰明确的规定；其二是关于网络隐私的程序规制，主要指法律对隐私保护相关的程序进行了规定；其三是关于网络隐私的协议规制，这种规制不同于前两种规制，更多地强调网络平台与个人之间的意思自治，法律对协议赋予强制性的效力。[1] 协议规制更多体现的是市场自治理论。对于协议规制，我们并不陌生，打开手机下载一个 App，或者注册一个商店的会员，都会跳出一个隐私协议让用户勾选，只有同意才能进行下一步的操作。这样一种"知情同意"的模式引起了很多学者的讨论，数据主体虽然产生数据，但基本被排除在数据交易之外。无论这种行为是否真正地得到了数据主体的认可，这种形式背后体现的是基于协议的市场自治理论。一些学者提倡使用财产权对数据权利进行保护，如威斯汀主

---

[1] [美] 劳伦斯·莱斯格：《代码 2.0：网络空间中的法律》(修订版)，李旭、沈伟伟译，清华大学出版社 2018 年版，第 243 页。

张采用传统财产权与侵权责任结合的制度模式，米勒（Miller）认为将个人信息看作一种财产是最简单易行的隐私保护方式，威廉·麦可格弗兰（William McGeveran）也提出采用财产制度对个人数据进行保护。

（二）基于交易成本的制度经济学理论

随着西方经济学的发展，法律成为经济学的一个研究对象。新制度经济学的核心概念主要包括两个：产权、交易费用。产权的界定和保护降低了交易费用。新制度经济学主张通过正式制度与非正式制度相结合的双重方式来提高经济绩效，法律与道德的相互交替运用是经济良性发展的保障。[1]波斯纳（Posner）法官提出："根据交易成本理论，需要对成本的高低进行权衡。如法律明确规定窃听是合法的，但人们基于人格尊严保护个人隐私的需要，为了防止个人信息的泄露会采取更多的方式保护隐私，因此会付出更多的成本。"[2]根据科斯定理，在交易市场上，只要商家阐明了数据的收集方式和使用范围，并且获得了数据主体的同意，即数据主体愿意出让自己的一部分个人信息以获得一些其他的权益（如便捷、社交、体验等利益），那么所订立的个人数据使用合同在理论上就是可行且有经济效益的。

从财产权理论出发对个人数据进行保护，将促进数据的自由流动。平台企业希望对平台数据拥有财产权益，并在此基础上对数据进行处理，否则将没有动力对数据进行有效处理。这样的无效率行为对于社会而言是一种浪费，进而可能导致消费者的成本升高。[3]数据交易主要是指，数据供方及数据需方通过中介机构在

---

[1] 蔡宝刚：《法律与道德关系的制度解析——新制度经济学的阐释及启示》，载《法学》2004年第6期。

[2] Posner, R. A., "The Right of Privacy", *GA. Law Review*, Vol. 102, 1978, p. 391-395.

[3] 刘德良：《个人信息的财产权保护》，载《法学研究》2007年第3期。

平台上交易数据，中介机构从中收取佣金的一种数据交易方式。作为数据的共享方式之一，数据交易市场是数据财产化的体现。目前，在我国实践中，有上海大数据交易中心和贵阳大数据交易所，两者是不同的交易模式。上海大数据交易中心主要是供方和需方直接进行交易，交易中心作为平台并不直接接触数据，仅收取一定的费用。贵阳大数据交易所采用的是数据掮客模式，首先供方需要将数据提供给交易所，交易所再将数据售卖给需方，并且可能不止一个需方。无论是数据平台交易模式还是数据掮客交易模式，都体现出数据在实践中的经济价值和使用价值。

（三）财产权理论的评析

个人数据能否财产化和商品化的问题，引起了学界的关注和热烈讨论。目前，个人数据保护立法实践主要解决的是个人数据人格权的保护问题，如欧盟和德国的相关法律都没有提到关于个人数据财产权的保护问题，我国《民法典》《个人信息保护法》《数据安全法》也并没有对数据财产权的相关问题进行明确规定。财产权说容易混淆个人信息与数据的联系与区别，财产权理论要解决的首要问题是个人信息与个人数据的区分。个人信息属于人格权内容，人格权的商品化可以解决个人信息财产性利益的问题，如肖像权，使用他人肖像需要经过本人同意并且支付费用，肖像权是有财产性利益的。而财产权更多保护的是数据，如被匿名化处理的个人信息、非个人信息数据等。个人信息只有经过匿名化处理，转变为数据，才能探讨无形财产权的问题。当然，数据经过跨库等方式处理，如果可以重新识别出个人的情况，又会形成个人信息。总的来说，在财产权理论中，权利客体是数据，而非个人信息。数据权利的本质是财产权，而不是人格权。对于合法掌握的个人信息，虽然有财产性利益但并不是一种财产权。

第三节 数据权利的双核保护

在数字时代，数据的价值如同石油，却不同于"石油"。数据不同于传统的"物"，其价值在于流通和使用，而不在于占有。数据可以同时被多方控制，且这种控制并不会影响数据的价值。数据的价值在于使用，不同的主体使用不同的算法控制数据，会产生不同的数据价值和数据效应。传统"所有权"对"物"的绝对保护非常重要，而对于"数据"来说，重要的是"控制权"，不是"所有权"。数据的价值不在于所有而在于使用和控制，在保护自然人基本数据权益的基础上促进数据开放与自由流动的利益保护才是对数据更好的保护。

一、自然人数据权益的基本保护

自然人数据权益保护和数据的自由流动是数据权利的双重核心，数据保护和数据流动的不同目的使得两者之间存在张力。如何在对自然人的数据权益进行保护的基础上，促进数据的自由流动和开放共享一直是信息时代的核心议题。如在新冠病毒大肆传播时，如何就流调与追踪过程中收集的数据进行共享与信息披露，实现既能确保公众知情权，提升疫情防控的效能，又能保护公民的个人信息与隐私不会受到侵犯？[1]这样一个公共利益和个人权利的平衡问题是流调与追踪中数据保护面临的又一难题。一些学者认为，疫情防控的前提和基础是保护个人信息。也有学者认为，在疫情防控的后半阶段，防止利用疫情防控期间收集的数据侵犯

---

[1] 李聘冉、金震化：《疫情防控背景下的数据收集、报送与个人信息保护》，载微信公众号"汉盛律师"，2020年1月31日上传，https://mp.weixin.qq.com/s/fLQPqFUCyQekxeHhb2PZLw。

个人隐私将是重点内容。欧盟、美国、英国、法国等国家和地区发布的关于新冠肺炎的个人数据保护意见和声明,大多都要求个人数据的收集和使用应当遵守数据保护立法,且很多国家和地区对于健康数据的范围进行了明确和详细的规定。[1]还有些学者则认为,数据共享是比确保公众知情权更加重要的面向;但也有学者认为,不能绝对化、片面化"数据开放共享对疫情的作用",必须在维护公民的知情权、数据合理利用与社会整体性利益之间实现平衡。[2]

(一)保护数据主体的人格尊严

保护人的尊严是数字时代的重要目标。人格尊严是指人之所以为人所享有的不可侵犯、不可凌辱的权利。人格尊严与平等、自主、自由等概念息息相关。在数字时代,人工智能、区块链、5G等高科技技术使得机器人的发展越来越迅速,无论是上海研发的刑事案件智能辅助办案206系统,还是新出现的人形陪护机器人、家政机器人,都使得人机协作的情形愈发普遍。但任何时代,人的主体地位不可动摇,设立法律的根本目的都在于保护人格尊严。

现在人脸识别技术的运用范围越来越广,这种技术需要在收集人脸信息之后与相关信息数据库数据进行比对,通过比对的信息进行追踪、人物画像,从而对不同人群标签分类,实行定向推送。而对人脸信息的比对识别容易侵犯人的"人格尊严"。人脸识别技术的算法霸权、算法黑箱可能导致少数群体遭受歧视、偏见,人脸识别技术对有色人种、女性、移民等群体的识别误差将会严重侵犯其人

---

[1] 刘耀华:《各国数据保护机构关于COVID-19的个人数据保护意见简析》,载微信公众号"CAICT互联网法律研究中心",2020年3月20日上传,https://mp.weixin.qq.com/s/UX5Ez_kcPEKsZDh_vuAufg。
[2] 何渊:《政府信息公开及数据开放为何是武汉疫情的最好"特效药"?!》,载微信公众号"数据法盟",2020年1月23日上传,https://mp.weixin.qq.com/s/IQj3Nu3EAcvcuDK5pRwyQw。

权。美国国家标准与技术研究院的一份研究表明，关于人脸识别，不同开发者的算法的精确度差别很大。该研究评估了来自99个开发人员的189种软件算法（大多来自业界）后发现：在一对一的匹配中，亚洲和非洲裔美国人比白种人的人脸图像取伪错误率更高；对于一对多的匹配，非洲裔美国女性的取伪错误率较高。[1]

（二）确保数据的公平占有

随着数字经济时代的到来，我们的生产生活方式发生了巨大的改变，数据成为新的财富和新的生产要素。但大数据在为我们的生活带来便利的同时也带来了新的问题：一是数据信息掌控不对称。"所有的数据都由我们自身产生，但所有权却并不归属于我们。"[2] 普通民众每时每刻都在生产数据，但无法控制和利用这些数据，也不知道哪些数据被收集了以及如何处理这些被收集的数据。[3] 同时，一些大型互联网公司正在滥用收集的数据，对消费者进行评级，评级文化成为我们日常生活的流行。由于评级的算法具有秘密性且很难被消费者所知悉，这种评级的行为可能涉及消费者歧视问题。[4] 平台经济在个人信用评分机制中具有主导性的力量，这提高了数据垄断者的地位。

二是技术或者经济等相关方面的原因，如没有联网设备、缺少互联网知识等，造成数字鸿沟。"数字鸿沟对一些社会群体进行赋

---

[1]《美国国家标准与技术研究院基于种族、年龄和性别对人脸识别软件进行评估》，魏雪颖译，载微信公众号"数据法盟"，2019年12月31日，https://mp.weixin.qq.com/s/fcZit9Q8ntWlW5j1K8gLIg。

[2] 王天一：《人工智能革命：历史、当下与未来》，北京时代华文书局2017年版，第184页。

[3] 马长山：《数字时代的人权保护境遇及其应对》，载《求是学刊》2020年第4期。

[4] Amy J. Schmitz, "Secret Consumer Scores and Segmentations: Separating 'Haves' from 'Have-Nots'", *Michigan Stade Law Review*, 2014, p.1411.

权,而对另一些社会群体则没有。"[1]由于数字鸿沟,相较于各大互联网、人工智能科技企业,人们并不了解人脸识别技术、算法设计。目前,设计人员设计的软件算法对人脸信息进行分类标记比对时,准确性和有效性问题突出,识别误差引发的歧视问题严重侵犯人权。如北京地铁运用人脸识别技术对乘客进行分类安检,建立人员分类标准、形成对应的人脸数据库,依据人脸识别系统对乘客进行分类,安检人员依此采取不同的安检措施。[2]此分类标准是一种算法,通过这样的算法将人们进行分类侵犯了公民的基本权利。

二、数据开放与自由流动的利益保护

在欧洲,数据保护设立之初并不是为了保护基本人权,而是为了实现欧盟市场的一体化,强调的是数据的自由流动。20世纪末以前,数据保护在欧盟都是单核的,基本目标是促进贸易、去除关税壁垒。欧盟数据保护的法律基础是关于经济发展而不是人权保护。欧盟数据的单核保护一直持续到21世纪初,2007年《里斯本条约》第16条明确规定了欧盟可以制定数据保护相关的立法,这时所谓的"双核"保护才正式形成。在此之前,数据关于保护隐私只是经济保护的一个副产品,是实现数据自由流动的一个手段。

(一)保护公共利益,适度克减个人数据权利

数据主体的知情同意是获取数据合法性的基础之一。我国《民法典》和《个人信息保护法》都对"知情同意"原则进行了

---

[1] 郑永年:《技术赋权:中国的互联网、国家与社会》,邱道隆译,东方出版社2014年版,第114页。
[2] 劳东燕:《地铁使用人脸识别的法律隐忧》,载微信公众号"转型中的刑法思潮",2019年11月2日上传,https://mp.weixin.qq.com/s/ofUsRE6w2S4ostM-AgJNUg。

规定，强调收集和利用个人信息，必须经过用户的知情和同意。但是，《民法典》第1036条明确了行为人处理个人信息不承担民事责任的三种情形，其中第三项是为了维护公共利益或者该自然人合法权益合理实施的其他行为。《个人信息保护法》第13条在对个人信息处理的合法性基础中规定，为了应对突发公共卫生事件或者紧急情况下为了保护自然人的生命健康或者财产安全，个人信息处理者可以处理个人信息。我国《个人信息安全规范》对于征得授权同意的例外情形进行了规定，主要包括：与国家安全、国防安全直接相关的，与公共安全、公共卫生、重大公共利益直接相关的，以及出于维护个人信息主体或其他个人的生命、财产等重大合法权益但又很难得到本人同意的，等等。为了控制并阻止新冠病毒的传播，GDPR和美国的各种法律都在发挥作用。GDPR专门规定了解决公共卫生危机及有关处理个人数据的条款，其第6条规定，当数据主体或者其他自然人的合法利益受到侵害的时候，政府部门为了保护公共利益，未经同意处理个人数据的行为是合法的。美国的《健康保险流通和责任法案》（Health Insurance Portability and Accountability Act，HIPAA）规定，出于公共目的与"防止严重和迫在眉睫的威胁"，允许公开健康信息。[1]由此可见，不论是我国还是欧美的法律规定，在重大疫情面前对于个人数据权利的保护都进行了适度的克减。

（二）数据控制者、处理者合理使用的重要权益

大数据时代，数据权利保护和数据流动的平衡是数据法的核心问题。如果给予数据主体绝对的保护，则可能导致数据无法产生集合性"数据池"的集体性价值，甚至可能出现"反公地悲

---

[1] Cathy Cosgrove, "COVID-19 response and date protection law in the EU and US", at https：//iapp.org/news/a/covid-19-response-and-data-protection-law-in-the-eu-and-us/, Jul. 30, 2020.

剧"。数据产业的健康发展离不开个人信息的保护，但也应该妥当平衡数据流通与个人信息保护之间的关系。[1]数据控制者、数据处理者对于数据享有的合理使用的权益也是法官需要权衡的重要权益。对于数据，可以基于重要性和行业领域的区分进行分级分类的保护，我国《互联网个人信息安全保护指南》对不同类别的敏感信息规定了不同的收集规则，《民法典》也已经将隐私权、个人信息和数据进行了区分，这使得未来数据流动的空间越来越大。《个人信息保护法》在第1条就明确了保护个人信息权益的同时促进个人信息合理利用的立法目的。在"淘宝诉安徽美景案"中，法院认为"生意参谋"数据产品具有商业价值，因为淘宝公司付出了人力、物力、财力，因此对于"生意参谋"享有竞争性权益。在微信数据权益之争"腾讯诉群控软件案"中，法院也指出网络平台对于数据资源享有竞争性权益。但在这两个案件中，法院都强调的是权益保护，并不是权利保护，权益体现的是具体个案中特定主体之间特定利益的权衡和考量。

　　数据本身并没有对世的排他性，而是具有多元性，在一个数据上可以同时开放多个权限给多个用户。所以，欧盟在GDPR中使用了数据主体、数据控制者、数据处理者的概念。欧盟GDPR在第1条第1款就指出，条例的目的在于确立个人数据处理中的自然人保护和数据自由流通的规范；并且在第3条提出，个人数据要以流通为原则，不流通为例外。欧盟为了保障个人数据的自由流动，将信息进行了区分，区分出了不涉及个人信息的非个人信息数据。欧盟出台的《非个人数据自由流动条例》也保障数据在欧盟的自由流动。根据我国现行个人信息相关的立法，知情同意是个人信息收集和使用的合法性基础之一。但个人信息是一个复合权益，

---

[1] 王利明：《数据共享与个人信息保护》，载《现代法学》2019年第1期。

不仅承载着信息主体的利益,也附着了信息控制者、信息处理者的利益。就新冠疫情而言,政府机构在流调和追踪过程中收集和产生的大量数据是新冠病理分析、研制疫苗等科研活动的基本素材。政府利用海量、融合的大数据在疫情溯源和监测、分析疫情情况、支撑疫情态势研判和疫情防控部署等方面都起到了积极的作用。[1]知情同意原则虽然是前提和基础,但也要受到目的原则与必要原则的限制。而对知情同意原则的合理限制,需要进行价值层面的衡量才能作出正确判断。[2]就2020年春节前后武汉返乡人员及新冠患者的个人信息来说,政府、医院、科研机构等信息控制者在"涉及公共利益或法律法规要求",或者涉及"用于科学研究、公共卫生或医疗保健操作目的的受限制数据集"时,即使未经被收集者(武汉返乡人员及新冠患者)的同意,也可以使用或披露相应个人信息。[3]

---

[1] 《工信部召开媒体通气会 介绍电信大数据分析、支撑服务疫情防控总体情况》,载微信公众号"工信微报",2020年2月14日上传,https://mp.weixin.qq.com/s/HpDmycqR9Yv6QPCoNB4K1g。
[2] 张新宝:《个人信息收集:告知同意原则适用的限制》,载《比较法研究》2019年第6期。
[3] 何渊:《保护武汉返乡人员及新冠患者的个人信息的法律框架及例外》,载微信公众号"数据法盟",2020年1月26日上传,https://mp.weixin.qq.com/s/MRqLbS9t-ZyMjJkGeMDgwg。

第二章
数据权利保护的困境与挑战

随着信息技术的发展，人类进入了大数据时代。在这个时代，时时刻刻都充斥着海量的数据分析，数据化成为最主要的特征之一，数据也成为新的资源。正如英国著名杂志《经济学家》一篇文章中所指出的，数据在数字经济时代具有巨大的价值，是数字经济时代的大宗商品。[1]无论是欧盟的《通用数据保护条例》还是美国的《加州消费者隐私法案》都强调了保护个人数据权利的重要性。近年来，面对频发的数据黑产、数据泄露等问题，我国也意识到保护数据权利的迫切性。2019年，新浪微博涉嫌泄露5.38亿条微博用户信息；北京瑞智华胜科技股份有限公司贩卖用户数据，涉及腾讯、百度、京东、字节跳动、新浪、携程等96个互联网公司。2020年4月，万豪酒店受到第二次数据泄露打击，再曝520万名用户数据遭泄露。2021年，阿里云用户数据、淘宝近12亿条用户数据遭到泄露。目前，我国对于数据权利保护的立法已取得了较大进展。2021年1月1日，《民法典》正式生效，个人信息与数据保护在基本法层面得到了确认。[2]同年，《数据安全法》《个人信息保护法》相继出台，完善了我国对数据保护的法律框架。但总的来说，工商业时代的法律规定已无法

---

[1] See *The World's Most Valuable Resources Is No Longer Oil, but Data*, The Economist, May 6, 2017.

[2] 崔亚东主编：《世界人工智能法治蓝皮书（2021）》，上海人民出版社2021年版，第244页。

满足数字时代的数据保护要求,这使得当前的数据权利保护仍面临多重困境。

第一节　侵权法保护路径无法涵盖数据隐私权益

21世纪初,对于隐私保护的争论主要有三种观点:第一种观点认为,由于信息量过大,我们无法控制别人获取信息,所以无须担心隐私保护问题;第二种观点的倡导者主要是社群主义者,强调一定程度的匿名性会引起反社会行为[1];第三种观点的主要倡导者是自由主义者,强调需要为隐私保护提供强有力的保障。那么,为什么需要对隐私进行保护?隐私权益保护的意义何在?因为隐私保护不仅是维护人的尊严和约束侵犯的重要手段,更为重要的是它是限制政府权力的一种方式。[2]随着数字时代的到来,传统社会走向了信息社会,单一的物理空间向物理/电子(现实/虚拟)双重空间转换[3],数据成为新的生产资料,各种新业态、新模式都对数据收集、使用产生了巨大的需求,因此需要对数据隐私权利进行必要的保护。不幸的是,法律的滞后性使其无法跟上信息时代科学技术带来的社会进步[4],传统的侵权法无力保护数字时代的隐私权益。

---

[1] [荷]尤瑞恩·范登·霍文、[澳]约翰·维克特主编:《信息技术与道德哲学》,赵迎欢、宋吉鑫、张勤译,科学出版社2014年版,第249页。

[2] [美]劳伦斯·莱斯格:《代码2.0:网络空间中的法律》(修订版),李旭、沈伟伟译,清华大学出版社2018年版,第213页。

[3] 马长山:《智慧社会背景下的"第四代人权"及其保障》,载《中国法学》2019年第5期。

[4] [美]特蕾莎·M.佩顿、西奥多·克莱普尔:《大数据时代的隐私》,郑淑红译,上海科学技术出版社2017年版,第7页。

一、数据的去身份化冲击隐私保护的可识别性

无论是民事侵权责任予以的隐私权保护，还是从公法进路对个人信息进行保护，都要求信息具有可识别的特征，即应当与特定的个人有所关联，信息与特定的个人没有关联的，则无法匹配识别的信息不属于个人信息的范畴，无法受到相应的保护。[1]

（一）个人数据的匿名化

匿名化是个人数据去身份化的处理手段之一，我国《民法典》《网络安全法》《个人信息安全规范》《个人信息保护法》都对数据的匿名化作出了相关规定，即经过处理无法识别特定个人且不能复原。新加坡《个人数据保护法下基于特定主题的建议指南》对匿名化技术进行了界定：匿名化技术能够剥离个人数据与个人之间的关联，使这种数据不能再识别到个人。匿名化的个人数据可以进行交易流通。该建议指南认为，匿名化是一个基于风险管理的过程，并给出了数据实现匿名化的五个步骤，即识别数据、对数据进行去标识化、应用匿名化技术、评估匿名化效果、管理数据被重新识别与披露的风险。欧盟委员会内部咨询机构"第29条数据保护工作组"在其发布的《第05/2014号意见书：匿名化技术》中也提到了数据匿名化的三大标准：其一，匿名化处理后的数据不能与特定个人主体进行关联；其二，匿名化处理后的数据即使与其他的数据进行联动，也不能关联到特定个人及其终端；其三，采取一般可能的措施和手段都无法将该数据关联到特定个人。由此可见，数据匿名化指在一般情况下，采取一般的可能措施，使数据无法联系到特定个人或者其终端。各国对于个人数据的匿名化处理都作出了比较严格的规定，主要是因为个人信息经过匿名化的处理之后会变成数据，数据更多强调的是财产权益，

---

[1] 何渊等：《大数据战争：人工智能时代不能不说的事》，北京大学出版社2019年版，第35页。

这类数据可以看成企业财产，可以进行处理、共享和交易。我国《个人信息保护法》也将匿名化的信息排除在"个人信息"的范畴外，个人信息保护的相关规范并不能适用于匿名化处理后的信息。当个人信息被匿名化处理之后，信息会失去可识别性，无法通过传统的隐私权进行保护。

大数据时代，信息具有碎片化、匿名化、流动化的特点，数据的隐私权益很难再寻求工商业时代传统隐私权的保护。如"北京百度网讯科技公司与朱烨隐私权纠纷案"，被称为中国Cookie隐私第一案。该案中，朱烨发现，无论使用哪里的电脑，只要在百度的浏览器上查询过一些特定的关键词后，再次登录某些网站进行访问的时候就会出现与该关键词相关的广告，朱烨对这个情况进行了公证。一审法院认为，隐私保护的前提是应当与特定个人身份相关联，而本案Cookie并不能准确识别到朱烨这样的单个用户，所以Cookie信息无法被认定为个人隐私，否则会造成个人隐私范围划定过于宽泛的问题。二审法院认为，Cookie信息虽然具有隐私属性，但需要与用户身份相关联，如果与用户身份分离就不属于个人信息，最终驳回了朱烨的全部诉讼请求。

（二）个人数据的去标识化

数据的去标识化不同于数据的匿名化，去标识化强调的是减少数据与数据主体相关联的程度，并没有隔绝数据与数据主体或其终端的关系。目前，绝大部分企业在实践中对数据的处理是去标识化而不是匿名化。我国的《个人信息安全规范》《信息安全技术 个人信息去标识化指南》（以下简称《个人信息去标识化指南》）对"去标识化"作出了界定，强调去标识化的技术过程包括确定目标、识别标识、处理标识和验证标准四个环节。印度《个人数据保护法》指出，去标识化是数据处理者将数据替换为此个人独有但本身并不能识别出该数据主体的虚构名称或代号的过程。

数据去标识化技术包括假名化技术、密码技术、统计技术、泛化技术等。德国《联邦数据保护法》第3条指出，"假名"指用其他标志替代姓名或识别符号以增加确认数据当事人的难度。GDPR第4条提出，假名化是一种使个人数据在不使用额外信息的情况下不指向特定数据主体的个人数据处理方式。不同于数据的匿名化，假名化指用一个特定的符号或者一串特定的数字取代相对敏感的数据，如用"A"来代替姓名，用符号来代替身份证号码。使用假名化技术，数据主体本身可以复原，只是增加了外部用户确认数据主体的难度，并没有达到匿名化要求的无法识别到特定当事人或者其终端。一般而言，去标识化的数据仍受个人数据处理相关规定的约束。

综上，无论是匿名化数据，还是去标识化数据都影响了"可识别性"，所以传统的隐私权保护无法对数据进行全面保护。

二、数据的公开性削弱隐私权益的合理期待

"合理隐私期待"原则是美国解决隐私权问题的一个重要"法律工具"，其确立来自1967年美国联邦最高法院的一个经典判例——凯兹诉美国案（Katz v. United States）。[1]"合理隐私期待"原则在数据时代的潜在含义是，当个人自愿地公开个人的隐私，那就丧失了所谓的合理期待，公开的个人隐私就无法得到保护。数据的公开性削弱了隐私权益的合理期待。

（一）美国普通法的"合理隐私期待"

"合理隐私期待"原则是美国公民隐私受到政府侵犯时最常援引的原则。法学家布兰代斯在"奥姆斯特德诉美国案"（Olmstead v. United States）中提出了"隐私权"对于公民的重要性，并表现出对

---

[1] 何渊等：《大数据战争：人工智能时代不能不说的事》，北京大学出版社2019年版，第210页。

未来高科技背景下隐私保护潜在威胁的担忧。在"凯兹案"之前，美国隐私保护的前提是有形财产受到侵害，直到"凯兹案"，哈伦（Harlan）法官认为，美国宪法第四修正案保护的是人，而不是公共电话亭这个领域。由此提出了"合理隐私期待"原则。这个原则主要包括两个要件：主观要件，个人对隐私有主观期待的意愿；客观要件，主观期待被社会认可为"合理的"。在"美国诉史密斯案"（United States v. Smith）中，史密斯认为，"凯兹案"中在电话亭打电话的人对其通话之隐私无论从主观方面还是客观方面衡量都有正当的隐私期待[1]，可想而知，自己在家中打无绳电话更有需要被保密的合理隐私期待。最终，第五巡回法院认为，人们对家里无绳电话的通信存在合理的隐私期待，但由于史密斯无法举证他的第四修正案权利被侵犯，所以维持了对史密斯的有罪判决。

"凯兹案"的意义主要体现在两个方面：第一，确立了"合理隐私期待"原则，主张美国宪法第四修正案中隐私保护的是人，而不是某个领域，这是本案最重要的意义。第二，强调了正当程序原则的重要性，违法搜查获取的证据应当被排除。"合理隐私期待"原则为数字时代生活在更为隐蔽监控环境下的人们提供了更好的工具基础。智慧时代，人们为了更加方便、快捷地融入数字时代的生活，会自愿选择公开一些个人数据，但这并不意味着同意将这些数据用于各种商业、政治目的。对于这些公开的数据，人们在主观上仍存在期待隐私被保护的意愿，并没有丧失"合理期待"。

（二）数字时代的"合理隐私期待"

"合理隐私期待"原则会随着社会的发展而变化。人类经历了三次革命，第一次是农业革命，第二次是工业革命，第三次是我们正在经历的信息革命。在信息时代，人们的生产、生活、社会

---

[1] ［美］约纳森·罗森诺：《网络法——关于因特网的法律》，张皋彤等译，中国政法大学出版社2003年版，第209页。

关系都发生了巨大的变革。网络和算法成为一种生产关系，数据变成了生产要素，算力变成了生产力。[1]随着互联网虚拟世界的出现，3D全息技术的发展以及4G、5G网络的高速发展，人们的日常生活与智能手机、移动终端已经无法分离，数字时代的"合理隐私期待"原则也体现出了不同的特点。

数据时时刻刻伴随着现代人的衣食住行。随着微信、抖音、Facebook等网络社交平台的普及，人们也乐意将自己的生活点滴拍成照片、制作成视频上传到各大网络社交平台，与自己的亲朋好友进行互动。他们对其在网络社交平台上传的信息是否享有合理的隐私期待？随着全球定位系统的普及，人们在下载应用地图或有关交通类的App时，无可选择地会使用定位技术，公民对于这种定位信息是否享有合理的隐私期待？笔者认为，用户应该享有数字时代的合理隐私期待。首先，从主观上来说，用户对于其在网络社交平台上提供的信息有主观的判断，如对信息设置了仅对自己可见，或者仅对特别分组成员可见。虽然从形式上公开了个人信息，但就主观而言，用户希望自己的这些信息受到局部的隐私保护，这样的信息"公开性"挑战了原来隐私权益的"合理期待"。其次，从客观上来说，随着数字时代人工智能、高科技技术的普及和发展，社会公众的观念也发生了转变。在日常生活中，人们具备生物人和电子人的双重属性，人们也越来越意识到公共网络平台中也有"合理隐私期待"的空间。

三、数据侵权的复杂性挑战侵权归责的前提

隐私权益在信息时代遭遇的侵犯更加具有隐蔽性，侵权主体

---

[1] 马长山：《智道 | 这场法律变革中，一个群体正在书写未来》，载微信公众号"法治周末报"，2020年7月2日上传，https：//mp.weixin.qq.com/s/uBH-fkzfvXUyW5aQLFvemhQ。

常常是多重的，侵权过程更加模糊，侵权责任的举证也异常艰难。适用传统侵权法的基础是发生了伤害或者确有损失存在，传统侵权法的归责原则适合对单独的、偶发性的侵权行为进行规制。[1]无论是在欧美国家还是在中国，大数据带来的万物互联引发了各式各样的数据泄露事件，公民的个人隐私权益受到了侵犯。这些损害可能是无形的，抑或很难证明受伤害的程度，甚至无法举证，传统的侵权规则已经无法保护日益复杂的数据隐私权益。

（一）数据侵权主体的广阔性

传统的隐私侵权中，侵权主体多为单一主体，而数据侵权的主体更多体现出多元化的特点。如在新冠疫情防控期间，为了准确地排查病患、密切接触人群、高风险人群并隔离病例，疾病预防控制机构、公安、工信、网信等政府部门，居民委员会、村民委员会以及社区组织，酒店、商场、超市、药店等经营者，企业、学校、医疗机构，等等，都在收集、处理个人信息。在这些主体中，公众有合理预期的信息收集者和信息处理者主要是有合法授权的机构和组织。

新冠疫情期间，在流调和追踪的过程中，无论是姓名、年龄、户籍、居住地址等个人基本信息，还是既往病史、是否就医等健康状况信息，抑或疫区旅行史、疫区居住史、近期出行史等相关信息，都被收集，同时也出现了数据被大量泄露的情况。2020年春节前后，超7000位武汉返乡公民的信息遭到了泄露，返乡人员名单在各种微信群中肆意转发，大量敏感信息被泄露[2]；因将涉及新冠病毒感染者及其亲属隐私的调查报告转给无关人员，湖南

---

[1] 丁晓东：《个人信息私法保护的困境与出路》，载《法学研究》2018年第6期。
[2] 《被骂"武汉毒人""要求公开全家信息"超7000武汉公民信息泄露之后》，载微信公众号"隐私护卫队"，2020年1月27日上传，https://mp.weixin.qq.com/s/1JkMq30w3URS6-EYEaSwGQ。

省益阳市赫山区卫生健康局副局长被予以党纪立案调查,另有两人被诫勉谈话,一人被通报批评[1];云南省文山壮族苗族自治州人民医院发生了泄露新冠病毒感染者姓名、家庭住址、工作单位、诊疗等个人信息的事件[2]。由于这些敏感的个人信息遭到泄露,公民的私人生活受到了严重侵犯,陌生人通过手机号码频繁发送骚扰信息,新冠病毒感染者甚至被要求公布全家信息。一些身处疫情严重地区的人员因为这些信息的泄露遭到区别对待、歧视甚至谴责。由于侵权主体的多元化,个人信息被大量泄露,公民的个人隐私受到了前所未有的侵犯。

(二)数据侵权损害举证的复杂性

传统侵权法的适用以存在损害为前提,关于损害多采用"谁主张、谁举证"的举证原则。而数据侵权不同于传统的侵权行为,虽然数据由数据主体产生,但数据主体无法完全掌握和控制其产生的数据。数据主体相较于数据控制者、数据处理者处于劣势地位,其并不知道哪些数据被收集了,收集的数据会被如何使用,使用之后的数据是否会被删除。在这种数据占有不公平的情况下,传统侵权法无法对个人数据侵权提供保护。如2015年美国人脸识别第一案,美国伊利诺伊州的三位居民对Facebook人脸识别技术提起了集体诉讼,指控Facebook扫描利用用户在其平台上发布的照片创建与用户相匹配的人脸签名数据库的行为,违反了伊利诺伊州的《生物识别信息隐私法案》(BIPA)。2019年8月,美国第九巡回上诉法院裁定,侵犯法定隐私权之类的无形损害可以作为提出此类主张的理由。但法院在何种损害程度才能提起隐私和数

---

[1] 王梦遥:《泄露新冠病毒患者及家属个人隐私 湖南一卫生局副局长被查》,载财新网2020年1月30日,https://china.caixin.com/2020-01-30/101509610.html。
[2] 沈岿:《王万华:中国抗疫中公众健康与个人隐私的艰难平衡》,载爱思想网2020年7月15日,https://www.aisixiang.com/data/122109.html。

据泄露诉讼方面存在着分歧。[1]

  面对个人数据侵权，如果仍采取传统侵权法"谁主张、谁举证"的举证责任规则，将会给数据主体的维权造成很大的障碍。因为数据主体由于技术或经济等限制很难就个人数据侵权行为提供证明材料，且在大数据时代，呈现出相关关系取代因果关系的趋势，而数据主体甚至连因果关系都很难证明。如2016年"庞理鹏诉中国东方航空股份有限公司、北京趣拿信息技术有限公司隐私权纠纷案"，作为最高人民法院发布的十大涉互联网经典案例之一，将数据侵权的举证责任带入了公众视野，引起了广泛的讨论和关注。庞理鹏诉称，东航和趣拿两家公司泄露了其姓名、手机号码、飞行行程等基本个人信息，侵犯了其隐私权，要求两家公司承担连带责任。此案一审和二审作出了完全不同的判决，一审法院判决庞理鹏败诉，而二审法院撤销了一审判决，要求东航公司和趣拿公司在官方网站上向庞理鹏道歉。二审判决之所以发生逆转主要在于举证责任。一审法院采用了传统侵权法"谁主张、谁举证"的原则，认为应该由庞理鹏承担举证责任；而二审法院在分析数据时代企业对于数据的控制、管理、分享具有绝对优势的情况下，认为庞理鹏作为个人，不可能有条件和能力收集证据证明两家公司存在信息管理的漏洞，因此采用了"举证责任倒置"的原则。基于数据侵权损害举证的复杂性，我国《个人信息保护法》第69条对侵害个人信息权益的侵权责任确定了过错推定原则，并对损害赔偿的范围作出了"根据实际情况确定"的弹性处理规定。

---

[1] 张楠奇：《美国人脸识别第一案 | 法院同意脸书继续参与诉讼，其可能面临数十亿美元的赔偿》，载微信公众号"数据法盟"，2019年11月22日上传，https://mp.weixin.qq.com/s/W_x1db5Le8re1NBQ-mylEw。

第二节 人格权保护路径难以回应数据财产权益

2017年,我国《民法总则》颁布后,其第111条在学界受到了广泛关注,学者们对于个人信息权(权益)的属性问题进行了热烈讨论,即个人信息权(权益)究竟是一项人格权,还是一项财产权,还是说二者兼而有之。[1]有些学者主张,个人信息权(权益)是一项人格权,需要采取人格权的保护进路。有些学者认为,个人信息保护所要保护的是个人的财产性利益。[2]2021年,全国人大常委会通过了两部重要的法律,即《数据安全法》和《个人信息保护法》,但这两部法律都没有对数据的产权问题进行规定。不过,总的来看,由于数据具有复合性的特征,采取人格权的保护进路难以回应数据的财产权益。

一、人格权无法保护数据的复合权利

面对数据的权益保护问题,学者提出了不同的主张,主要原因在于数据权利具有复合性的特征。数据本身具有无形性、可分享性以及公共性的特点,且主要通过社群分享来实现自身价值,因此采用传统的人格权私法保护进路无法对个人数据权益进行全面保护。[3]

(一)个人数据的多重复合权利

数据不仅承载着"人格要素",同时也包含着"财产权益"。

---

[1] 张新宝:《〈民法总则〉个人信息保护条文研究》,载《中外法学》2019年第1期。

[2] 丁晓东:《个人信息权利的反思与重塑 论个人信息保护的适用前提与法益基础》,载《中外法学》2020年第2期。

[3] 梅夏英:《在分享和控制之间 数据保护的私法局限和公共秩序构建》,载《中外法学》2019年第4期。

2018年8月，北京上市企业瑞智华胜科技股份有限公司被查出利用非法手段窃取30亿条用户信息用来牟利，被称为"史上最大规模的数据窃取案"。2019年9月，在网络商城，有商家公开售卖"人脸数据"，数量约17万条，而且当事人对此并不知情。2020年2月，美国智库"科技政策研究所"通过观察美国、德国、墨西哥、巴西、哥伦比亚、阿根廷六个国家消费者的习惯，对各国民众进行"如何评估其个人隐私值多少钱"的问题调查，首次试图对消费者的个人隐私数据进行标价。无论是售卖"人脸数据"，还是对数据进行标价抑或非法窃取数据牟利，都表明数据是一种巨大的财富，不仅承载着与个人隐私相关的人格权益，而且包含着较大的财产权益。人脸识别技术给人们的生活带来了便利，使得管理变得高效有序，但是如果人脸信息遭到泄露将会侵害信息主体的财产权益。如多家售楼处使用人脸识别系统对看房者进行无感抓拍，以区分自然到访客户和渠道客户，对于自然到访的客户，折扣优惠多达几十万元，而对于渠道客户，由于需要给中介提成佣金，往往没有这些优惠。同一套房屋，由于购买渠道不同，优惠力度在几万元到几十万元不等。[1]面部生物信息与每个人的生命财产安全息息相关，人脸信息的滥用及黑色产业链服务将严重损害公民、企业和社会利益。

  司法部门对于数据的财产权益属性也进行了自己的判断。如在"微梦公司诉复娱公司不正当竞争纠纷案"中，法院确认了网络数据是受到法律保护的财产权益，认为微梦公司对其经营的微博前后端数据享有权益，且数据对于微梦公司具有商业财产价值，复娱公司绕开微梦公司的技术保护措施，实施非法抓取的行为侵害了微梦公司的权益。最终，法官全额支持了微梦公司的诉讼请求，微梦获得了全额210万元的赔偿。

---

[1] 潘颖欣、冯群星：《售楼处人脸识别"无感"抓拍 看房人戴口罩没用要戴头盔》，载《南方都市报》2020年11月23日，第GA12版。

无论是社会现实还是司法案例，都表明数据是具有人身权益和财产权益的复合权益，如果仅仅对数据权利采取人格权的保护思路，则只能对数据权利的人身权益进行保护，无法对数据的财产权益进行合理保护。

（二）个人数据的多重利益主体

关于个人信息的价值，张新宝认为包括三个方面，即人格尊严和自由价值、商业价值、公共管理价值。[1]高富平也认为个人信息保护领域中的利益有三种，即信息主体的人格尊严与自由利益、信息使用者的利益、公共利益。[2]龙卫球更是认为，数据呈现的是一种复杂的利益关系，一方面是用户对于个人信息保护的需要，另一方面是经营者对于个人信息形成的数据资产利用的需要。[3]个人数据包含个人价值、商业价值及公共价值，附着于个人数据的主体包括数据主体、数据控制者、数据处理者。人格权的利益体现于个人尊严，但这仅是数据主体关于个人数据的一部分权利，数据控制者、数据处理者对数据的利益更多地体现为财产利益。因此，传统人格权保护无法为个人数据的多重利益主体提供保护。

数据本身并没有对世的排他性属性，在一个数据上可以同时开放多个权限给多个用户。对于数据的权属确定一直是理论界和实务界面临的难题，所以欧盟在《通用数据保护条例》中使用了数据主体、数据控制者、数据处理者的概念。在司法实践中，由于个人数据的多重利益主体，司法机关无法对数据进行确权，也无法使用人格权对个人数据进行保护。大众点评诉百度地图不正

---

[1] 张新宝：《从隐私到个人信息：利益再衡量的理论与制度安排》，载《中国法学》2015 年第 3 期。
[2] 高富平：《个人信息使用的合法性基础——数据上利益分析视角》，载《比较法研究》2019 年第 2 期。
[3] 龙卫球：《数据新型财产权构建及其体系研究》，载《政法论坛》2017 年第 4 期。

当竞争案、新浪微博诉脉脉案、顺丰大战天猫案等数据竞争案件中，各大互联网公司都认为，不仅客户有数据权益，互联网公司也有数据权益，数据信息是公司的核心竞争资源，不仅带来竞争优势，更具有商业价值。如在新冠疫情流调过程中，疫苗研发公司收集了大量的个人数据，这些数据构成其财产性利益，对疫苗、新药的研制有巨大的价值；而对于数据主体个人而言，这些数据是其人格权的延伸。

由于数据是一个复合性的多元权利，其属性又常常依赖于具体的场景，所以对于司法实践而言，无论将数据权属分配给数据主体个人，还是分配给数据平台，抑或由数据主体与平台共同享有，甚至认为归属于公众所有，都存在这样或者那样的司法漏洞。面对数据权属相关的界定，司法实践在个案审判中也体现出不同的观点。但在中国法院的司法实践中，更为常见的观点是，认为数据权属应该归数据主体与平台共有。如"新浪微博诉脉脉案"中，法院提出了"用户授权+平台授权+用户授权"的三重授权原则。而美国法院则更加倾向于认为数据权属归公众所有。如"hiQ 诉 LinkedIn 案"中，法院认为 LinkedIn 阻止第三方利用爬虫抓取平台的用户公开数据具有不正当性。[1] 总之，由于客观上个人无法真正地控制数据，个人、企业、国家的权利边界比较模糊，以及权利客体的内容不清晰，法官无法在司法实践中对数据进行统一的确权。

二、人格权保护阻碍数据的流通价值

数据权利保护和数据流动的平衡一直以来都是数据法的一大核心议题。数据价值的关键是看似无限的再利用，即它的潜在价

---

[1] See hiQLabs, Inc. v. LinkedIn Corp., 273F.？Supp. 3d 1099（N. D. Cal. 2017）.

值。大部分数据的价值在于使用,而不是占有本身。[1]

(一) 个人数据的流动价值

以数据权利保护为基石的 GDPR 在第 1 条第 3 款确认了平衡数据保护和数据流通的重要性,即"个人数据在欧盟境内的自由流通不得因为在个人数据处理过程中保护自然人而被限制或禁止"。数据是一个复合性权利,数据的价值是多元的,数据的主体也不是唯一的。如果采用人格权保护进路,那将是绝对性的权利保护,会阻碍数据的流通。如在被称为中国被遗忘权第一案的"任甲玉诉百度案"中,任甲玉系人力资源管理、企事业管理等管理学领域的从业人员,其于 2014 年 7 月在无锡陶氏生物科技有限公司就职,11 月离职。但从 2015 年 2 月开始,任甲玉搜索百度网站时,发现出现了"陶氏教育任甲玉""无锡陶氏教育任甲玉"等字样。由于陶氏教育在教育界的名声颇受争议,任甲玉认为百度上的链接侵犯了其人格权。而百度公司则认为,其提供的互联网搜索引擎服务具有技术中立性和正当合理性。在该案中,法院认为我国现行法律体系中并没有"被遗忘权"这种权利类型,任甲玉依据一般人格权主张其权益,则必须符合"利益正当性"和"保护必要性"双重要件。最后,任甲玉由于举证不能而败诉。由此案可以看出,法院在面对人格权的绝对性保护和数据的流通利用价值时,更加偏向于促进产业的发展。数据是目前互联网公司重要的资源和竞争优势,如果一味强调对个人数据的人格权保护,将增加企业的合规成本,不利于企业的经营与创造。

又如在"淘宝诉安徽美景案"中,淘宝公司开发的"生意参谋"数据产品旨在为各大电商商户提供大量的、精准的数据参数,以便商户分析客户数据,在这个过程中消费者也能节省时间、提

---

[1] [英] 维克托·迈尔-舍恩伯格、肯尼思·库克耶:《大数据时代》,盛杨燕、周涛译,浙江人民出版社 2013 年版,第 156 页。

高效率，因此"生意参谋"是淘宝公司重要的数据产品，具有市场竞争优势。[1] 而美景公司则利用大数据爬虫技术，爬取"生意参谋"的数据，从中谋取商业利益。法院在判决中指出，淘宝在开发运营"生意参谋"这个产品时，投入了很多的管理、运营、研发成本，并且"生意参谋"产品在市场上的竞争优势并不是一蹴而就的，而是长期开发、运营、更新的成果，因此淘宝对涉案数据产品享有竞争性财产权益，而美景对涉案数据产品的获取则属于不劳而获的"搭便车"不正当竞争行为。由此可见，在司法实践中，法院并不从平台对数据享有所有权角度，或者通过人格权对数据进行保护，而主要强调的是企业对于数据的竞争性权益，强调数据主体、数据控制者、数据处理者三者之间的权益分配，强调数据的流动价值。

（二）个人数据的合理使用价值

随着5G、人工智能的发展，双引擎驱动下的新基建、新经济迎来了大数据时代。大数据时代，不仅要保护个人数据权利，更要重视个人数据的合理使用价值。数据的合理使用主要体现为数据的共享和数据的交易。数据不同于传统的"物"，传统物权的主体具有唯一性，而数据的主体是多重的，包括数据主体、数据控制者、数据处理者。共同拥有、使用数据并不会使数据的价值有所贬损，反而会提升数据的价值。不同数据使用者在同时使用数据的过程中互不影响，并且对数据享有各自独立的使用权。数据的交易行为主要指数据主体与数据控制者、数据处理者以货币等价交换数据商品的行为。《安徽大数据交易中心交易规则》、上海数据交易中心《流通数据处理准则》都对数据交易的行为进行了界定，并提出了"数据多重权益共存"的情况。出于对个人数据

---

[1] 安徽美景信息科技有限公司与淘宝（中国）软件有限公司不正当竞争案，浙江省杭州市中级人民法院（2018）浙01民终7312号民事判决书。

合理使用价值的考虑,《个人信息安全规范》关于共享、转让、公开披露个人信息也作出了授权同意的例外规定。

欧盟的 GDPR 体现出双核保护的趋势,其在第 1 条提出,条例目的旨在确立个人数据处理中的自然人保护和数据自由流通的规范。最开始,为了发展经济,打破欧盟成员国之间的贸易壁垒,促使数据自由流动,欧盟制定了 GDPR。欧盟重视数据的合理使用价值,且欧盟国家的企业一直在进行企业间的数据共享。欧盟的数据共享主要包括五种形式:通过公司与公司之间直接进行数据交易的数据货币化;通过在线平台对数据进行交易;企业联盟之间进行小范围的数据共享;为数据交易提供技术支持的专门从事数据交易平台的企业;以完全开放的策略对数据进行共享的模式。欧洲企业间的数据共享由于更好地理解了使用者的需求,供方和需方之间建立了良好的信任基础,共享的方式简单实用,且关于数据共享的法律法规也提供了更可靠的保障,所以欧洲企业间的数据共享和流动是相对成功的,欧洲经济区企业间的数据共享也呈现持续增长的趋势。数据的价值不在于占有而在于流动和使用,传统人格权的保护会阻碍数据的流通价值,不利于数据要素市场的建立。

第三节　物权保护路径不能概括数据特性

我国《民法典》将个人信息保护和隐私权保护规定在人格权编下,而在财产权编里对数据进行了简单的规定,并将数据和网络虚拟财产并列。对于个人数据的保护应该适用何种法律框架,学者们的观点一直多有分歧。有些学者提出,可以适用物权法的保护路径,认为个人数据是一种私权客体,可以通过给予数据所有者排他性的所有权进行保护,以强化对个人数据的保护力度。

也有一些学者指出，适用物权法保护存在缺陷，首先涉及数据属性的判断，其次不符合"一物一权"原则，且数据所有权的主张与物权的主张在根本上亦不相符。[1]笔者认为，传统的物权法并不能对个人数据进行全面的保护，正如《民法典》对于数据的规定显得如此无力。因为在大数据时代，个人数据的保护和流通就像一个硬币的两面，缺一不可，保护个人数据是一个方面，促使个人数据流通也是非常重要的另一个方面。采取传统的物权保护进路将面临数据权利保护不足的情况，主要体现在以下几个方面：

一、数据的特征解构物权客体

数据本身并不具备物权的特征，而体现出非客体性。如在"李宏晨诉北京北极冰科技发展有限公司案"中，网络虚拟财产是否属于民法意义上的私有财产是该案争论的主要焦点，此案引起了学界关于网络虚拟财产是否属于物权客体的争论。关于网店、QQ币、游戏装备等虚拟财产，虽然目前法律并没有明确的定性，但随着万物互联时代的到来，司法实践中一直存在此种纠纷。通常，法院承认虚拟财产具有财产价值，受到法律保护，但都不是从物权客体的角度进行规制。

（一）数据的非独立性

数据是依赖载体而存在的，不具备独立性。数据需要通过计算机代码显现出来，脱离程序无法独立存在。[2]如果离开互联网与计算机的支持，数据将会失去意义，成为一些无法被人们理解的电磁信息。[3]数据不同于传统的"物"，物权客体要求物具有独立性，而数据没有形体，需要通过载体进行表现，因此人们并不

---

[1] 韩旭至：《数据确权的困境及破解之道》，载《东方法学》2020年第1期。
[2] 梅夏英：《数据的法律属性及其民法定位》，载《中国社会科学》2016年第9期。
[3] 史宇航：《数据交易法律问题研究》，上海交通大学2017年博士学位论文。

能像拥有有形物一样拥有数据。个人数据如同知识产权，具有无形性。个人数据的权利主体对其个人数据的权利主张常常只有在诉讼时才能体现出来。[1] 由于无形性，数据不会因为使用而减少或消亡，但这并不意味着数据不会因其他原因减少和消亡。[2] 数据依赖载体而存在，也会因为载体的消失而消亡。所以，如果数据的载体不具备足够大的存储容量，数据就不能被完全记录下来，进而数据就无法发挥其使用价值，实现经济利益。总的来说，数据不具备物权客体之"物"的基本特征，无法脱离载体而存在，而且个人数据的权利更多地体现为个人对数据的查询、使用、更改、删除等，并非"占有"，因此传统的物权法无法继续对数据进行保护。

（二）数据的非排他性

数据具有非排他性的特征。数据主体并不能实现对数据绝对的排他性使用，数据可以被不断地复制，也可以被随意地删除。对传统"物"的所有具有独占性，但数据不同，数据主体、数据控制者、数据处理者可以同时使用数据，且不会互相影响，也不会损耗数据的价值。例如，就某个数据来说，产生该数据的数据主体可以使用；对于该数据拥有竞争性权益的企业也可以使用；政府机构出于公共服务和社会管理的目的，也可以同产生该数据的个人、对该数据拥有竞争性权益的企业在同一时间使用该数据。[3] 从物权的四项权能——占有、使用、收益、处分出发，数据都不具有排他性。第一，占有。网络平台上的数据由数据主体产生，但相关企业、政府部门都记录和收集了相关数据，个人无

---

[1] 相丽玲、高倩云：《大数据时代个人数据权的特征、基本属性与内容探析》，载《情报理论与实践》2018 年第 9 期。
[2] 张勤：《知识产权客体之哲学基础》，载《知识产权》2010 年第 2 期。
[3] 李爱君：《数据权利属性与法律特征》，载《东方法学》2018 年第 3 期。

权要求其他主体消除占有。第二，使用。如对于新冠疫情期间收集到的数据，社区使用数据进行患者隔离，科研机构使用数据进行疫苗研发，电信部门使用数据进行疫情流动预测，多方同时使用数据并且互相不干扰。第三，收益。个人可以授权平台使用其个人数据获得经济或者其他方面的收益；企业可以将个人数据整合成"数据池"，通过算法进行分析、挖掘、使用，获得巨大的经济收益。可见，数据可以同时为个人和企业都带来经济收益。第四，处分。数据主体和企业、政府机关都可以同时处分个人数据，而且相互之间并不影响。

（三）数据的非稀缺性

数据不具有稀缺性。稀缺性是物权客体的重要特征，但是随着互联网、物联网和智能终端的发展，新的数据每分每秒都在产生，只要网络用户在线，数据就会源源不断地产生。[1]传统的物权法保护建立在"物"的稀缺性基础上，而数据不同于传统的"物"，具有普遍性和充足性。美国网络学者凯文·凯利（Kevin Kelly）认为："最有价值的东西应该是那些普遍存在而又免费的东西。"[2]所以，只有慷慨才能在网络中胜出。传统私法上的"物"是客观的、有形的、有限的，而数字时代的"数据"是主观的、无形的、无限的；传统物的价值更多地体现在自我保存和自我发展之中，而数据的价值更多地体现在不断地流动和复制中。人类对于物质能量世界的依赖、开发和调整持续了很长时间，形成了稀缺性的思维模式。而对于个人数据，人类并没有成熟的认识，

---

[1] 许可：《数据权属：经济学与法学的双重视角》，载《电子知识产权》2018年第11期。
[2] [美]凯文·凯利：《新经济 新规则》，刘仲涛、康欣叶、侯煜译，电子工业出版社2014年版，第61—73页。

且没有通过实践系统地把握、运用数据化信息流动的充裕性原理。[1]传统私法上的"物"由于具有稀缺性,其价值在于独占,而"数据"不具有稀缺性,其价值在于流通和使用,一味地采取传统物权的独占保护会损害数据的使用价值。

二、数据的特性违背物权原则

网络虚拟空间的数据不同于现实空间中的物,其有着分享性、无形性、公共性等特征。传统物权法的基本原则包括一物一权原则、物权法定原则以及公示、公信原则。而数据的分享性特征违背了物权的一物一权原则;数据的无形性特征违背了物权法定原则;数据的便捷交易违背了物权的公示、公信原则。

(一)数据的分享性违背一物一权原则

一物一权原则,指一个完整、独立的物之上只能设立一个所有权,即一物不能二主。数据本身并没有对世的排他性,在一个数据上可以同时开放多个权限给多个用户。如在淘宝诉安徽美景案、大众点评诉百度地图不正当竞争案、新浪微博诉脉脉案等涉及数据竞争的案件中,各大互联网公司都认为个人数据具有财产属性,不仅客户有数据权益,互联网公司也有相应的数据权益,因为数据是其付出了财力、物力、人力而获取的财产资源,具有核心竞争优势。对于传统的"物"来说,一个主体对物的使用必然会影响其他人的权益,因此只有绝对的排他性的一物一权才能真正起到定分止争的作用,才能使"物"发挥其使用价值。而数据则不同,数据主体、数据控制者、数据处理者在同一时间使用同一数据相互之间不会受到影响,也不会影响数据的使用价值。

---

[1] 梅夏英:《在分享和控制之间 数据保护的私法局限和公共秩序构建》,载《中外法学》2019年第4期。

（二）数据的无形性违背物权法定原则

物权法定原则，指物权的种类与内容等只能由法律规定，不允许当事人自由创设。《民法典》第115条规定："物包括不动产和动产。法律规定权利作为物权客体的，依照其规定。"可见，物权之客体应当是有体物，或者法律有特殊规定。然而，数据不具有形体。关于数据权益的纠纷处理，从法律依据上来说，我国现行法律仍具有滞后性。由于大数据、互联网、人工智能的快速发展，数据问题越来越复杂，再加上立法程序复杂，关于数据问题仍有很多立法上的空白。《民法典》仅对数据、网络虚拟财产作出了简单的规定；《数据安全法》《个人信息保护法》的出台虽然弥补了数据领域的立法空白，但并未对数据产权归属等问题进行明确。从司法实践来看，法院处理数据权益纠纷案件，并未直接适用物权法的相关规定，而更多的是借助《反不正当竞争法》的一般条款。由此可见，数据不符合物权法中"物"之法定特征，且目前无论是立法还是司法都没有将其明确为物权客体，因此若将无形性的数据作为物权客体，则与物权法定原则相悖。

（三）数据的便捷交易违背物权的公示、公信原则

对于物权而言，公示原则指物权的设立、变动必须公开透明，需要通过一定的方式向社会公开，使他人知道物权变动的情况，以维护交易的安全秩序；公信原则指一旦物权的设立、变动通过公示，第三人就可以基于此产生合理信赖，该原则意在保护善意第三人的合法权益。就数据交易来说，其不需要像动产物权变动一样进行交换，也不需要像不动产物权变动一样必须登记，数据交易更多的是数据控制能力的转移和分享，不需要转移所有权。比如通过开放API接口就可以满足数据的交易和使用，只需要在

网络上添加用户，并授予使用权限就可以分享数据。[1]由于对技术信息掌握不对称，这样的便捷交易对于数据主体而言，无法控制也无法知晓。因此，传统关于物权的交易原则无法适用于数据交易，要求数据交易符合物权的公示、公信原则只会妨碍数据的交易和共享。

三、数据的流动性限制物权独占性

物权强调权利人对物享有直接支配和排他的权利，而数据所有权的价值主要在于它的访问和使用。个人信息权（权益）是支配性的民事权利（权益），但并不包含独占性和排他性。[2]欧盟GDPR 在第 1 条第 1 款就指出，条例的目的在于确立个人数据处理中自然人保护和数据自由流通的规范，并且在第 3 条提出个人数据要以流通为原则、不流通为例外。欧盟为了保障个人数据的自由流动，将信息进行了区分，区分出了不涉及个人信息的非个人信息数据。2018 年 10 月，欧盟出台《非个人数据自由流动条例》，强调对于非个人数据，要以流动为前提、不流动为例外，保障数据在欧盟的自由流动，各个成员国之间不能设置障碍。GDPR 注重数据权利保护与数据自由流通之间的平衡，不仅赋予了数据主体同意权、访问权、更正权、被遗忘权、限制处理权、拒绝权及自动化自决权等广泛的数据权利，也强调个人数据的自由流通不得因为在个人数据处理过程中保护自然人的权利而被限制或禁止。这种平衡的立法理念具有标杆性的价值和意义，对美国和中国的数据立法产生了重大影响。

在大数据不正当竞争第一案——淘宝诉安徽美景案中，淘宝

---

[1] 史宇航：《数据法律保护的蹊径：技术路线》，载知乎网 2019 年 8 月 8 日，https://zhuanlan.zhihu.com/p/77254601。
[2] 张新宝：《〈民法总则〉个人信息保护条文研究》，载《中外法学》2019 年第 1 期。

公司开发运营的"生意参谋"数据产品受到平台商户的推崇，具有市场竞争优势，而美景公司却使用爬虫技术爬取了"生意参谋"的数据，并在这个过程中谋取了自己的利益。对于此案，法院认为淘宝公司对涉案数据产品享有竞争性财产权益，而美景公司爬取"生意参谋"数据属于不劳而获"搭便车"的不正当竞争行为。又如在"腾讯诉群控软件案"中，法院对数据进行了区分：首先，对于网络平台中的单个原始数据应归数据主体所用，不应过分强调企业的控制权；其次，对于网络平台方的数据权益，应强调企业对数据资源的竞争性权益。由此可见，在司法实践中，法院并不从平台对数据享有所有权角度进行分析，也不会通过物权对数据进行保护，对于企业，法院主要强调的是其对数据的竞争性权益。对于数据，司法实践中强调数据主体、数据控制者、数据处理者三者之间的权益分配，因为数据价值的发挥在于访问和流通，而不是独占和排他。

第四节　知识产权保护路径难以包含企业数据权益

无论是《保护工业产权巴黎公约》还是《保护文学和艺术作品伯尔尼公约》，抑或随着互联网和数据产业发展而出现的《世界知识产权组织版权条约》，都强调知识产权保护的重要性。保护知识产权主要基于两方面：其一，保护创作者的道德与财产权利；其二，鼓励原创以促进经济发展。[1]数据是抽象物的一种新类型，有着特殊的媒介属性和技术属性。大数据时代的新特征主要表现在以下三个方面：第一，数据数量极大。第二，数据类型多样。

---

[1]　[美]约翰·弗兰克·韦弗：《机器人是人吗?》，刘海安、徐铁英、向秦译，上海人民出版社2018年版，第156页。

第三，数据实时更新。[1]在大数据新时代，传统的知识产权法是否能对数据这种新的抽象物进行全面保护成为争议的焦点。有些学者认为，虽然进入了大数据时代，但是诞生于"小数据"时代的知识产权法有很强的适应性，只是需要对些许产权保护空白进行关注。[2]一些学者则认为，应该将数据作为独立的权利进行保护。因为数据权利跟现有的知识产权体系存在不兼容性，如对创新性的要求、对权利期限的要求等，如果将数据权利放在知识产权体系中进行保护，可能会产生问题。[3]还有学者认为，从立法的角度进行保护相对烦琐与复杂，可以用技术手段（代码）阻碍不受欢迎的侵入。[4]笔者认为，传统的知识产权法无法全面地保护企业的数据权利，主要体现在以下三个方面：

一、数据的非原创性消减著作权保护的独创性

著作权的保护对象是文学、艺术、科学等作品，且这些作品需要具有独创性，并能以一定形式表现出来。与数据保护相关的是《著作权法》第15条，即汇编若干作品、作品的片段或者不构成作品的数据或者其他材料，对其内容的选择或者编排体现独创性的作品，为汇编作品，由汇编人享有著作权。著作权保护通过数据库内容选择或编排而体现"独创性"的作品，但数据的资源采集和加工方式导致对数据库知识产权界定具有极大的不确定性。虽然有些数据库因为制作与编排具有一定的独创性，但是在实践

---

[1] 李谦：《法律如何处理数据财产——从数据库到大数据》，载《法律和社会科学》2016年第1期。
[2] 崔国斌：《大数据有限排他权的基础理论》，载《法学研究》2019年第5期。
[3] 韩煦：《大数据保护与司法裁判研讨会发言摘登》（下·学者发言），载《人民法院报》2019年7月11日，第5版。
[4] [美]劳伦斯·莱斯格：《代码2.0：网络空间中的法律》（修订版），李旭、沈伟伟译，清华大学出版社2018年版，第183页。

中,关于独创性的判断标准往往使得数据库因为数据没有独创性而很难获得版权法的保护。[1]

也有学者认为,数据库的价值并不在于编排的方式,而在于数据的巨量性和混杂性。《德国著作权法》第87条规定了用邻接权来保护以"激励投资、保护投资"为基础的大型数据库[2],欧盟通过《关于数据库法律保护的指令》给予数据库一种类似于不动产意义的强大的特殊权利保护,美国则是在反不正当竞争法中通过盗用侵权保护原则为数据库提供保护。"大众点评网诉爱帮网不正当竞争案"是中国最早涉及行业内数据竞争的案件,大众点评网指责爱帮网"大量复制其网站内容",先后以著作权侵权、不正当竞争为由起诉,最后其不正当竞争诉由获得了法院的立案。[3]在此案件中,法院并未对著作权侵权的诉由进行支持,因为法院认为涉案数据整体不构成汇编作品,数据整体的内容选择和编排不具有"独创性",且点评数据的著作权应该由平台和用户共同共有,所以平台不可单独起诉主张权利。[4]

二、数据收集的合法性约束商业秘密的秘密性

商业秘密指具有商业价值的保密商业信息。商业秘密是知识产权的客体,主要包括以下三个特征:秘密性、价值性、保密性。有学者主张以商业秘密来保护数据,虽然这比著作权保护更具有实际价值,但通过商业秘密对数据的保护还是遭遇了一系列的困境。

---

[1] 李杨:《数据库法律保护研究》,中国政法大学出版社2004年版,第57页。
[2] [德] M. 雷炳德:《著作权法》,张恩民译,法律出版社2005年版,第741页。
[3] 田小军、曹建峰、朱开鑫:《企业间数据竞争规则研究》,载《竞争政策研究》2019年第4期。
[4] 汉涛公司诉爱帮科技公司不正当纠纷案,北京市第一中级人民法院(2009)一中民终字第5031号民事裁定书。

首先，数据不具有秘密性，具有开放共享的特点。而商业秘密的首要特性就是秘密性，即不能被公众所知晓，一旦被知晓，就失去了保护的价值。其次，数据的价值很难确定。传统权利的价值具有可预见性，而数据与传统权利不同，其具有价值潜力，很多一开始被认为没有价值的数据会随着技术的挖掘逐渐产生价值。[1]最后，企业数据的保密性难以确定。企业是否为了保护商业秘密而设置保密措施，对此很难有直接的判断标准，因为企业数据的加密是常态，数据安全的加固和升级也是多种目的的需要，并不能直接判断是为了保密。[2]

如在"锦丰科技（深圳）有限公司与陈国玲、陈志平、深圳市欧瑞丰科技有限公司、艾比模具工程有限公司侵害商业秘密纠纷案"中，对于锦丰公司主张的客户信息是否属于《反不正当竞争法》予以保护的商业秘密，一审、二审法院有不同的判断。一审法院认为，客户信息具有秘密性、价值性，并且单位与员工签订的《员工保密及工作成果协议》表明了为防止信息泄露所采取的保护措施，因此以电子邮件作为载体的客户信息构成商业秘密。[3]而二审法院认为：第一，锦丰公司主张权利的载体为电子邮件，该电子邮件不构成商业秘密，因为邮件仅是协商过程，本身并不是合同，不是交易依据；第二，锦丰公司未提交证据证明其与涉案客户存在实际交易，涉案五家客户名单不属于锦丰公司的商业

---

[1] 韩煦：《大数据保护与司法裁判研讨会发言摘登》（下·学者发言），载《人民法院报》2019年7月11日，第5版。
[2] 梅夏英：《数据的法律属性及其民法定位》，载《中国社会科学》2016年第9期。
[3] 锦丰科技（深圳）有限公司与陈国玲、陈志平、深圳市欧瑞丰科技有限公司、艾比模具工程有限公司侵害商业秘密纠纷案，广东省深圳市宝安区人民法院（2013）深宝法知民初字第28号民事判决书。

秘密；第三，锦丰公司不能证明涉案客户系其特定客户。[1]所以二审法院认为此客户信息并不构成商业秘密。由此可见，在司法实践中，对于数据和商业秘密的判断并没有明确的适用标准，传统的秘密性、价值性、保密性无法再适应数据时代的商业秘密。

三、《反不正当竞争法》适用条件的抽象性

数字时代，各大平台企业争夺数据资源的战争愈演愈烈，对于平台数据确权保护的需求也越来越强烈。从各个法院的判决中可以看出，关于企业之间争夺数据权益的不正当竞争纠纷案件多适用《反不正当竞争法》的一般条款。如在大众点评网诉爱帮网不正当竞争案、淘宝诉安徽美景案、新浪微博诉脉脉案等企业数据竞争案件中，法院都适用了《反不正当竞争法》第 2 条，倡导遵循自愿、平等、公平、诚信的原则，但该原则的适用条件具有抽象性的弊端。

有学者认为，一般条款是"一份给予司法机关的授权书"，为实务中通过"诚实信用"和"商业道德"判断数据不正当竞争提供了依据。[2]然而，《反不正当竞争法》一般条款的适用条件具有抽象性。企业间大数据产品产生的不正当竞争是一种数据时代新的产物，《反不正当竞争法》对此没有相关明确规定，因此只能适用《反不正当竞争法》的一般条款，即第 2 条，而在适用此条款时，需要对诚信原则和商业道德进行判断。那么，什么是公认的商业道德？如果是通过爬虫技术获得的数据，如何认定其合理性？在"字节跳动诉新浪微博不正当竞争案"中，一审法院根据 1993

---

[1] 锦丰科技（深圳）有限公司与陈国玲、陈志平、深圳市欧瑞丰科技有限公司、艾比模具工程有限公司侵害商业秘密纠纷案，广东省深圳市中级人民法院（2015）深中法知民终字第 953 号民事判决书。

[2] 许可：《数据保护的三重进路——评新浪微博诉脉脉不正当竞争案》，载《上海大学学报（社会科学版）》2017 年第 6 期。

年《反不正当竞争法》第 2 条的规定认为，微博人为设置网络信息正常流动的障碍与互联网行业普遍遵循的开放、平等、公平、促进信息流动的原则相悖，与网络行业互联互通的基本价值不符，损害了竞争秩序。[1]而二审法院依据 2019 年《反不正当竞争法》第 2 条认为，微博的行为并不当然违背互联网行业的商业道德，在不损害消费者利益、公共利益、竞争秩序的情况下，应当允许网站经营者通过 robots 协议对网络机器人予以限制，这是网站经营的一种体现。[2]在同一个案件中，一审、二审法院都是以"商业道德"为判断依据，却得出了截然相反的判决结果。可见，面对尚无共识的竞争行为，司法实践中法院对于《反不正当竞争法》一般条款适用条件的判断具有抽象性和不确定性，一般条款不能成为一种特定的保护模式。

随着科学技术的发展，互联网不正当竞争呈现出新的特点，2017 年新修订的《反不正当竞争法》特别增设了"互联网专条"，即第 12 条，但是也没有对数据不正当行为进行回应。[3]

（一）现行法律条文具有滞后性

互联网技术更新换代的速度极快，但相关立法程序繁复、耗时长，这使得法律的滞后性更加凸显。[4]在数据不正当竞争纠纷领域，法律条文适用的滞后性也凸显出来。目前，针对有关数据的不正当竞争行为，并没有专门和具体的法律规定。不论是淘宝诉安徽美景案、新浪微博诉脉脉案，还是大众点评诉百度地图案，

---

[1] 北京微梦创科网络技术有限公司与北京字节跳动科技有限公司不正当竞争案，北京知识产权法院（2017）京 73 民初 2020 号民事判决书。
[2] 北京微梦创科网络技术有限公司与北京字节跳动科技有限公司不正当竞争案，北京高级人民法院（2021）京民终 281 号民事判决书。
[3] 田小军、朱黄：《新修订〈反不正当竞争法〉"互联网专条"评述》，载《电子知识产权》2018 年第 1 期。
[4] 吴志攀：《"互联网+"的兴起与法律的滞后性》，载《国家行政学院学报》2015 年第 3 期。

其裁判均诉诸《反不正当竞争法》的一般条款。目前,《反不正当竞争法》中与数据不正当竞争直接相关的条款有两条,即第 2 条和第 12 条,而这两条的适用均面临一定的问题。

其一,《反不正当竞争法》一般条款第 2 条具有泛道德化的风险。《反不正当竞争法》第 2 条对不正当竞争行为进行了定义和概括,同时也对竞争原则作出了相关规定。虽然《反不正当竞争法》针对数据不正当竞争并没有专门的条款,但是司法机关不能因此拒绝裁判,所以在大多数的数据不正当竞争纠纷案件中法院都激活了一般条款进行审判。如"淘宝诉安徽美景案"中,二审法院认为,美景公司使用非正常手段对用户进行引诱,获得淘宝公司的数据,进而获得财产性利益的行为违反了《反不正当竞争法》第 2 条的诚信原则和商业道德,扰乱了各大平台企业的市场竞争秩序,损害了淘宝公司的合法权益。[1]由此可见,司法实践中对大数据不正当竞争纠纷案适用一般条款主要基于法院在个案中关于抽象原则的权益平衡,有"向一般条款逃逸"的危险[2],更有泛道德化的风险。《反不正当竞争法》一般条款并不能作为常规的、普遍的解决大数据不正当竞争纠纷的依据。

其二,《反不正当竞争法》互联网专条第 12 条的适用具有局限性。为了应对互联网领域关于反不正当竞争法律适用的需求,《反不正当竞争法》在 2017 年进行了修改和完善,修订后的《反不正当竞争法》专门增加了互联网专条,即第 12 条,强调相关市场经营者不得使用互联网等技术手段,通过影响用户选择或其他方式,妨碍、破坏其他经营者合法提供的网络产品或服务器正常运行。互联网专条采取"概括+列举+兜底"的立法模式,但随

---

[1] 安徽美景信息科技有限公司与淘宝(中国)软件有限公司不正当竞争案,浙江省杭州市中级人民法院(2018)浙 01 民终字第 7312 号民事判决书。
[2] 韩旭至:《数据确权的困境及破解之道》,载《东方法学》2020 年第 1 期。

着数字经济的快速发展，这种立法模式显现出局限性。首先，规定过于笼统，概念表述模糊。例如，如何界定"技术手段"。其次，列举的行为过于具体，无法全面涵盖同类其他行为。最后，兜底条款的适用较为有限。兜底条款过于细致的规定导致很多情况难以进行兜底适用。目前，互联网专条无法满足互联网不正当竞争的司法适用需求。

（二）"商业道德"具有不确定性

面对数据不正当竞争纠纷，在处理规则尚不确定的情况下，司法实践更多的是通过《反不正当竞争法》第 2 条的一般条款进行解决。但在解释适用一般条款的时候，具有极大的不确定性。因为判断何为公认的"商业道德"时，法官需要权衡数据上的多元利益，这必然会带有一定的主观性，同时也考验法官的判断能力。[1]正如波斯纳所言，对法官的司法判决产生影响的还包括法官本人的因素，例如法官的价值偏好、学习工作生活的经历以及法官的信仰等。[2]

一方面，适用《反不正当竞争法》一般条款要满足六大要件。"海带配额案"对于数据不正当竞争纠纷案件的处理具有重要意义。该案法官在司法裁判过程中对一般条款的适用条件进行了总结，主要包括以下三个方面：第一，法律并没有对此种竞争行为进行规定；第二，竞争行为产生了实际的损害结果；第三，竞争行为违反了诚实信用等抽象原则。此外，在"新浪微博诉脉脉案"中，法院考虑到互联网行业与传统行业不同，为了促进数据流通以及保障新技术、新产业的发展空间，认为关于数据不正当竞争

---

[1] 何渊等：《大数据战争：人工智能时代不能不说的事》，北京大学出版社 2019 年版，第 120—121 页。

[2] ［美］理查德·波斯纳：《法官如何思考》，苏力译，北京大学出版社 2009 年版，第 8 页。

纠纷案件适用一般条款还需增加三大要件：第一，消费者的权益受到了侵害，产生了损害结果；第二，数据竞争行为破坏了市场环境，由此导致恶性竞争结果的出现或产生了这种可能性；第三，关于互联网中的竞争行为，应推定合法正当，主张不正当的一方要承担证明责任。[1]增加的三大要件使得数据不正当竞争纠纷案件适用一般条款的门槛更高了。而且这六大要件更多体现的是抽象性要件，依然要对市场竞争秩序、相关原则进行判断。

另一方面，对"商业道德"的判断具有主观性。从各级法院的司法实践来看，认定商业道德主要有两种思路：一种是从"道德"出发，寻找特定行业现有的商业道德。如："奇虎公司与腾讯公司不正当竞争纠纷案"中的《搜索引擎行业自律公约》，"新浪微博诉脉脉案"中提到的"用户授权+平台授权+用户授权"三重授权原则。另一种是从"利益"出发，分析行为对经营者、消费者乃至全社会的影响。[2]如："大众点评诉百度地图不正当竞争纠纷案"中指出的，虽然损害了其他竞争者利益，但是有利于促进数据市场竞争；"微梦公司诉淘友技术公司、淘友科技公司案"中提到的，需要对大众消费者、市场经营者以及社会的公共利益进行个案权益平衡的综合判断。由此可见，在没有具体法律规定的情况下，司法实践中，可能引用行业内权威公约作为"商业道德"，也可能结合个案寻找行业内的特定商业道德，还可能通过利益衡量判断商业道德，对商业道德的判断具有很大的不确定性。

---

[1] 新浪微博诉脉脉非法抓取使用微博用户信息不正当竞争纠纷案，北京知识产权法院（2016）京73民终第588号民事判决书。
[2] 何渊等：《大数据战争：人工智能时代不能不说的事》，北京大学出版社2019年版，第109—110页。

第三章
数据权利保护的模式与路径

目前，欧洲、北美洲、南美洲、大洋洲、东亚都有数据相关的立法，但不同国家和地区对于数据保护的强度有所不同。隐私保护力度最强的是欧盟和加拿大，而美国、中国、印度、巴西对隐私的保护力度相对较弱。不同国家和地区对于数据本土化的要求也不同，目前看来，中国、俄罗斯对于数据本地化存储的要求较高。由于经济、政治、社会和文化的不同，不同国家和地区对于数据权利保护的模式和路径也是不同的。启蒙中的欧盟模式以"基本权利"为基础，"统一立法"是欧盟的主导数据立法模式，域外执行模式以"长臂管辖"为重点。自由理念下的美国模式以"自由式市场"为核心，主要采取的是以"分行业"为主的分散立法模式，执法模式则以"改正期制度"为创新点。平衡理念下的日本模式以"自由流通"为首要原则，在"不突破现有法律体系"的前提下，兼以"契约指导"为中心的监管模式。探索中的中国模式主要以"信息保护"为主要侧重点，立法模式以"私法进路"为主导，监管模式以"强力控制"为重心。

第一节　启蒙理念下的欧盟模式

欧盟是全球最大的数据市场之一，有着特殊的历史背景和分割的成员国市场经济。17世纪中后期到18世纪，欧洲启蒙运动提出了自由、平等、人权等价值理念。其中，孟德斯鸠提出了关于自由的经典定义,他认为自由包括两个面向:一是对于他想做的事情有做的权利,二是对于他不想做的事情没有被强迫的义务。[1]卢梭对于如何在文明社会的限度里维护个人自由进行了深刻的讨论,其社会契约思想是自由和进步的代名词,受到了革命者的追捧。启蒙运动中关于保障公民自由、维护公民权利的理念深深影响着欧盟对于数据权利的保护模式。欧洲的近代政府调查和社会调查发展得比较早,一开始政府收集数据的主要目的是人口普查。1983 年,德国联邦宪法法院关于"信息自决权"的判决涉及的是 1982 年德国颁布的《人口普查法》,之后数据才逐渐被用于其他领域,但数据权利保护的理念从此时已开始树立。

第二次世界大战期间,欧洲收集的详细和完整的个人信息曾经被法西斯主义和纳粹主义所利用,使得犹太人和反纳粹人士遭到迫害,这样的历史背景导致很多欧洲人认为,收集的个人数据到后来一定会被滥用。[2]但随着数字经济的发展,数据成为新的生产要素,数据的价值与日俱增,为了构建统一的数字市场,促进成员国之间的经济发展,打破成员国之间的贸易壁垒,在启蒙理念影响下,欧盟先后制定了《通用数据保护条例》和《非个人数据在欧盟境内自由流动框架条例》,在对个人数据进行保护的同时,也注重数据自由流通的财产利益。欧盟数据保护的立法主要包括三个层面:成员国法层面、欧盟法层面、人权法层面。20 世纪 60 年代到 80 年代,欧洲文献中出现了"数据库"的概念,从"数据库"的兴起到数据保护规则的形成经历了一个漫长的过程。

---

〔1〕 [法]孟德斯鸠:《论法的精神》(上卷),许明龙译,商务印书馆 2012 年版,第 184 页。
〔2〕 吴文芳:《疫情防控中欧盟个人信息保护的法律困境及其对策》,载微信公众号"上海市法学会 东方法学",2020 年 4 月 26 日上传,https://mp.weixin.qq.com/s/X43eFSS4XqJZjqKoXaKLmg。

一、"统一立法"为主导的立法模式

截至 2021 年 12 月，根据联合国贸易和发展会议的统计，全球 194 个国家中已经有 137 个国家对数据和隐私的保护进行立法。[1]欧盟的数据权利保护立法模式一直受到世界的关注，其立法理念对中、美等国家的数据立法产生了深远影响。欧盟的数据立法模式对于世界各国而言都具有重要的参考价值。

（一）成员国法层面的立法

欧盟的数据立法是从欧盟各成员国内部立法开始的。1970 年，德国黑森州制定了世界上第一部数据保护法——《黑森州数据法》。1973 年，瑞典颁布了世界上第一部国家级的数据保护法——《瑞典数据法》，该法强调需要成立一个专门的个人信息保护机构，对个人信息进行处理。[2]1977 年，德国制定了全国性的《联邦个人数据保护法》；1978 年，法国制定了《信息、档案与自由法》；1981 年，冰岛通过了《有关个人数据的保护法》；1984 年，英国通过了《数据保护法》；1988 年，爱尔兰通过了《数据保护法》；1991 年，葡萄牙制定了《个人数据保护法》；1992 年，比利时也制定了《个人数据保护法》。

（二）欧盟法层面的立法

虽然欧盟层面关于"数据保护"的讨论很久远，甚至早于《黑森州数据法》，但是为了统一各成员国之间关于数据的立法，1995 年欧盟理事会才通过了欧盟层面第一部数据保护法——《关于涉及个人数据处理的个人保护以及此类数据自由流通的第 95/46/EC 号指令》（以下简称《数据保护指令》）。欧盟要求所有成员

---

[1] Data Protection and Privacy Legislation Worldwide, 载联合国官网，https://unctad.org/page/data-protection-and-privacy-legislation-worldwide。

[2] 齐爱民：《大数据时代个人信息保护法国际比较研究》，法律出版社 2015 年版，第 211—213 页。

国都制定国内的数据保护法,并且应当将《数据保护指令》的全部要素都囊括其中。[1]这个指令对于欧盟数据保护具有重要的作用,关于欧盟法层面的数据保护统一法律框架因此建立起来,为欧盟成员国制定和实施关于通用的数据保护法律提供了一个雏形。[2] 1995 年,正值互联网诞生前后,随着互联网技术的发展,第一代保护规则已经明显滞后,人们自己产生的数据已经不受自己控制,由此带来了很大的社会公共危机,促使欧盟更新、修改其数据保护规则。2012 年,欧盟理事会发布了"GDPR 建议稿";2014 年,欧洲议会形成了"GDPR 草案";2016 年,欧盟通过 GDPR 正式稿;2018 年 5 月 25 日,GDPR 正式生效,适用于欧盟全体成员国。GDPR 虽然是目前全球最有影响力的一部跨国统一数据法,但也只是欧盟关于数据保护谱系中的一员,除此之外,欧盟法层面还有很多关于数据保护的特别法。

(三) GDPR 配套指南和报告

为了落实 GDPR,欧盟数据保护委员会(EDPB)等部门相继发布了一系列的配套指南和报告。例如:2018 年 9 月,欧洲议会投票通过了版权改革法案《数字化单一市场版权指令》,赋予新闻出版机构一种新型的邻接权,并加重了互联网网站对平台内容是否侵犯版权的审查义务。2019 年 11 月 12 日,欧盟数据保护委员会发布了针对 GDPR 域外适用效力的最终指南;同月 13 日,欧盟数据保护委员会发布了《关于 GDPR 第 25 条设计和默认的数据保护指南》。2020 年 1 月,欧盟数据保护委员会发布了《公共机构间个人数据跨境传输指南》,旨在指导公共机构或团体间的个人数据转移;同年 2 月,欧盟数据保护委员会发布了《关于通过视频设备处理个人数据的指

---

[1] 郭瑜:《个人数据保护法研究》,北京大学出版社 2012 年版,第 46 页。
[2] 高富平主编:《个人数据保护和利用国际规则:源流与趋势》,法律出版社 2016 年版,第 55—58 页。

南》，旨在指导根据 GDPR 的相关规定如何通过视频设备处理个人数据；同年 7 月，欧盟数据保护委员会发布了《关于 GDPR 搜索引擎案件中被遗忘权认定标准的指南》。2021 年 3 月 9 日，欧盟数据保护委员会通过了《车联网个人数据保护指南》，以处理与数据当事人非专业使用联网车辆有关的个人数据。2019 年 1 月，欧盟基本权利局发布了《面部识别技术：执法中的基本权利考虑》报告，指出面部识别技术重点用于执法和边境管理目的。2020 年 1 月，欧盟数据保护主管（EDPS）发布《个人数据保护比例原则指南》，对比例性测试进行相关法律分析；并针对科学数据保护的问题发布了相关的意见文件，强调涉及个人数据的研究工作需要遵循 GDPR 中的原则。此外，2019 年 12 月，欧盟第一份关于数据控制者和数据处理者的《GDPR 标准合同条款》正式公布在欧盟数据保护委员会的网站上。2020 年 2 月，欧盟委员会发布《欧洲数据战略》，强调目前面临着关于数据基础设施和技术及关于网络安全的问题。

（四）《欧洲数据战略》

2020 年 2 月，欧盟委员会发布了《欧洲数据战略》，构建了未来欧盟数据战略的蓝图。在数字时代，数据是战略性资源，具有经济价值和社会价值。《欧洲数据战略》立足于数字经济发展，概述了在保护隐私、确保安全的前提下，促进数据利用的核心政策措施，以及未来五年的投资计划，以确保人们在数字红利中获利。[1] 为了促进欧洲数字经济的发展，欧盟致力于数据的双核保护，在保护数据权利的基础上推动数据的自由流动和广泛使用，希望克服欧盟成员国数据碎片化的问题，建立单一的数据市场，构建数据保护法律体系，确保在新一轮的数字革命中占据领先地位。《欧洲数据战略》提出通过四项核心战略推动数据治理：其

---

[1] 陈鹏：《欧盟数据战略发展与启示》，载《学习时报》2020 年 11 月 18 日，第 6 版。

一，构建数据获取、访问的内部统一治理框架。欧盟内部成员国关于数据治理市场分散，需要通过构建内部统一的治理规则促进公共数据的开放和共享。其二，加大对数据领域的投资。在数据储存、处理、利用和兼容方面增强建设，探索个人数据利用的最佳途径。[1]其三，赋予公民个人数据权利。通过加大投入提升公民对数据的控制权，并且加大对中小企业的投资支持。其四，建立欧洲共同数据空间。欧盟将推动在战略部门和公共利益部门建立欧洲共同数据空间，并将支持建设工业或制造业数据空间、绿色协议数据空间、移动数据空间、健康数据空间、金融数据空间、能源数据空间、农业数据空间、公共行政领域的数据空间、技能数据空间等九大领域的数据空间。[2]

（五）《数据治理法案》

2020年11月，欧盟委员会根据《欧洲数据战略》措施中的第一项发布了"数据治理法案"的拟议草案，目前该法已于2022年5月6日经欧盟理事会批准成为正式法律，该法主要目的在于促进欧盟及其各成员国之间的数据共享，发挥数据的经济价值和社会价值。《数据治理法案》是欧盟委员会提供的一种新颖的数据治理方式，是一个通过谈判达成的、多方利益相关者共同制定的约束性数据治理法案。[3]该法案主要就以下几个方面进行了规定：第一，公共行政数据的使用。由于欧洲特殊的地缘政治背景，欧洲的数据治理呈现出碎片化的特点。相比于欧洲各成员国，欧盟层面关于公共行政数据的控制和使用是较弱的。《数据治理法案》规

---

[1] 魏凯、闫树：《美欧发布数据战略对我国的启示》，载《信息通信技术与政策》2020年第4期。
[2] 王闯：《欧盟数据战略的解析与启示》，载《软件和集成电路》2020年第5期。
[3] 董宏伟、王锐、刘佳婕：《5G时代下〈欧盟数据治理法案〉的解读与启示：农业数据篇》，载微信公众号"CNCERT国家工程研究中心"，2021年3月2日上传，https://mp.weixin.qq.com/s/XZphZSoNvmQECSzlKXnn4A。

定了公共数据再利用机制，以解决数据孤岛、数字鸿沟问题。但对于公共行政数据侵犯公民自由、隐私、安全的问题需要关注。第二，数据共享服务提供者的通知制度。该法对中介机构规定了通知义务，旨在增加公民、企业对数据的信任度，确保数据中介机构"中立""透明"的态度，保护公民和企业的数据共享。该制度引起了信托义务的相关讨论。第三，构建数据利他主义制度。数据利他主义制度是指，个人或企业出于科学研究或公益服务等目的，自愿或免费提供数据以供数据的再利用。[1]《数据治理法案》对数据利他主义设立了相关标准，确保共享数据的一致性，以更好地促进自愿共享数据的流动、使用。

（六）《数字服务法》《数字市场法》

2020年12月，欧盟委员会发布了《数字服务法》和《数字市场法》提案。这两部数字法案是欧盟近20年来对数字服务法规作出的最大范围修改，也是其在数字领域的第一次重大立法。这两部法律草案都旨在促进《欧洲数据战略》中提到的欧洲数字单一市场的建立，但侧重点各有不同。2022年7月5日，欧洲议会以压倒性多数分别通过了《数字服务法》和《数字市场法》。《数字服务法》主要处理的是消费者与平台之间的关系，通过规制在线平台的责任承担与责任分配以保护消费者的基本权利；《数字市场法》主要关注的是欧盟成员国内部的不公平竞争问题，通过规制"守门人"不合理的商业行为，以保障欧盟数字市场的有序性和开放性。[2]《数字服务法》将在线服务数字公司分为托管、中介、在线平台、超大在线平台四类，并对四类数字公司创设了义务和

---

[1] 许可、罗嫣、于智精：《2020年全球数据治理十大事件》，载微信公众号"数字经济与社会"，2021年1月26日上传，https://mp.weixin.qq.com/s/cAU-naOeTwpMG7QXnqdpvpA。

[2] 吴沈括、胡然：《数字平台监管的欧盟新方案与中国镜鉴——围绕〈数字服务法案〉〈数字市场法案〉提案的探析》，载《电子政务》2021年第2期。

责任。《数字服务法》对平台企业的处理、审查、删除信息进行了相关规定,并对平台的精准广告进行了重点规制,还对"超大"平台设置了最严格责任,最高罚款达企业全球营收的6%。《数字市场法》明确苹果、谷歌、Facebook等互联网巨头平台企业有规则制定权,这些数字企业成为数字市场的"守门人"。此外《数字市场法》为了确保数字市场的公平竞争环境、防止大型互联网企业实施的不正当竞争和垄断行为,对互联网平台企业进行强监管,设置了高额的处罚。

(七)《人工智能法》

2021年4月21日,欧盟委员会发布了欧洲议会和理事会《关于制定人工智能统一规则》(以下简称《人工智能法》)的立法提案。[1]该提案被称为最严人工智能监管的法律框架,不仅对自动驾驶、招聘决策、银行贷款、社会信用评分作出了限制规定,还将人脸识别技术定位为高风险,并禁止执法部门在公共场所使用人脸识别技术,违反《人工智能法》相关规定的,会受到警告、下架产品、罚款高达全球年销售额6%的惩罚。《人工智能法》将人工智能技术的风险分为四个等级:一是不可接受的风险,是被明令禁止的危险行为。二是高风险。高风险的人工智能技术需要进行全生命周期的审查。该提案将生物识别系统划定为高风险的人工智能技术,原则上禁止使用,但也规定了豁免条款。三是有限的风险。有限风险人工智能强调的是特定透明度义务以及保障用户的选择权。四是极小的风险。该提案认为目前大部分的人工智能系统都属于极小风险,所以提案并没有对其进行干预。《人工

---

[1] Proposal for a Regulation of the European Parliament and of the Council laying down harmonised rules on artificial intelligence (Artificial Intelligence Act) and amending certain Union legislative acts, https://eur-lex.europa.eu/legal-content/EN/TXT/?uri=CELEX:52021PC0206.

智能法》提案旨在保障公众和企业隐私安全和基本权利的前提下，明确人工智能技术的发展应满足当前世界范围内对于符合社会基本价值观和发展新兴技术之间的平衡要求。[1]《人工智能法》提案表明了欧盟对人工智能领域的规制及强监管态度，未来不符合《人工智能法》标准的人工智能系统可能无法进入欧盟。

二、"基本权利"为基础的治理模式

欧盟的《通用数据保护条例》以人权高度及天价罚款树立起保护个人数据权利的最高标准。美国、日本、印度和巴西等国关于个人数据的立法规定都将《通用数据保护条例》中各项关于个人数据的权利尽数引入。[2]《通用数据保护条例》第一章是关于基本条款的规定，第二章谈论的是数据保护的基本原则，第三章对数据保护权利进行了专章的规定，由此可以看出GDPR对数据权利的重视。各大平台企业在获取消费者个人数据时都会向消费者提供相关用户协议及隐私保护协议，而从实践中可以看出这些协议基本上无法保障消费者的合法权益。由于合同自由在商业实践中容易被滥用，所以在协议的基础上需要一套法律规则限制合同的自由。GDPR就包含了这样的一套规则，其规定了一系列的数据权利，以保护数据主体对于数据的控制权。

对数据权利的保护贯穿数据的始终。个人先产生数据，之后个人数据被收集，再经过数据处理之后进行数据融合，最后基于个人的特征、属性及偏好，建立属于每个人所特有的数据档案库。建立的数据库主要有三种用途：第一，对于市场而言，主要是变现；第二，是将数据分享或者交换给第三方企业或政府机构；第

---

[1] 吴沈括、胡然：《欧盟〈人工智能法〉提案的背景与意义》，载《中国审判》2021年第9期。

[2] 张金平：《欧盟个人数据权的演进及其启示》，载《法商研究》2019年第5期。

三,是将数据保存下来。分享交换的数据会进入一个数据再次利用的过程,保存下来的数据基于数据最小化原则会被删除或者进入一个数据再生的过程。专属于个人的数据档案库对于市场有极大的变现价值,因此对于数据权利的保护尤为重要,且这种保护应贯穿数据自产生到被删除的全生命周期。

GDPR 将数据权利融入数据的全生命周期,在数据产生、收集、处理、共享、交易、删除等环节对数据提供不同程度的保护。主要包括:第一"知情同意"原则。GDPR 第 12—15 条构成了数据主体的知情权体系。信息权,要求数据控制者在一定程度上披露一些关于数据处理的信息及数据处理者的联系方式等相关信息。信息获取权,这是一项基础性权利,是其他权利行使的前提,针对企业披露的信息不完全、不彻底的情况,个人可以行使获取信息的权利。拒绝权,当数据处理使用具有正当利益、公共利益等合法性基础,导致"知情同意"原则不适用时,拒绝权可以为个人提供个额外的保护。即使个人无法通过"知情同意"原则对数据处理的开端进行控制,但拒绝权可以使个人对数据的进一步处理过程进行控制。第二,更正与删除(被遗忘权)。GDPR 第 16—20 条规定了数据主体的更正权和删除权体系。被遗忘权,指当数据没有任何可行性的正当基础时,根据最小化原则,需要将数据进行删除。限制处理权,是一项过渡性的权利,当权利存在不确定的情况时,为了确保数据不被进一步处理,可以行使限制处理权中止数据处理。数据可携权是 GDPR 里规定的唯一一个全新的权利,其仅适用于个人提供的个人数据。第三,不受机器控制决定。GDPR 第 21—22 条规定了数据主体的反对权和自动化决策等相关权利。此外,GDPR 第 23 条规定了对数据主体权利的限制,主要体现在,虽然 GDPR 适用于欧盟每个成员国,但成员国可以依据本国的文化、制度、历史等来限制 GDPR 中规定的数据权利。

三、"长臂管辖"为重点的域外执行模式

GDPR 的"长臂管辖"具有鲜明的特色,其打破了传统的管辖原则,将与数据主体相关的数据行为都纳入 GDPR 的管辖范围中,扩大了其适用范围。[1]欧盟的数据权利保护以高标准著称,《通用数据保护条例》的"长臂管辖"使得其他国家在欧洲开展业务需要承担更高的合规成本。2019 年 11 月,欧盟数据保护委员会发布的 GDPR 域外适用指南是欧盟年度最期待的法律文件,主要围绕三个核心问题进行诠释:第一,企业是否在欧盟境内设立了实体机构;第二,企业是否有为欧洲的居民提供某种产品或者服务;第三,企业是否存在监测欧洲居民的行为。[2]从各大互联网企业对于个人数据的收集、使用、处理的过程来看,其行为很容易被纳入欧盟的域外管辖之中。本杰明·格雷兹(Benjamin Greze)通过探讨执法机关执行层面上的权力界限表明,GDPR 的域外执行是一个棘手而又困难的问题。[3]"长臂管辖"主要体现在 GDPR 第 3 条关于地域适用的范围,其中第 1 款规定的是实体标准,第 2 款规定的是针对性标准,第 3 款规定的是国际规范规则。

(一)"长臂管辖"之实体标准

GDPR 第 3 条第 1 款对欧盟内部设立的数据控制者或数据处理者进行了界定,强调地理位置是否处在欧盟境内并不是判断标准。对于"实体"的判断标准,首先应确认该"实体"是否落入欧盟 GDPR 所定义的欧盟"实体"范围内,其次判断该实体是

---

[1] 何渊主编:《数据法学》,北京大学出版社 2020 年版,第 58 页。
[2] 李汶龙:《欧美网络法 2019 年度评述之一:长臂 GDPR——域外执行与理念传播》,载微信公众号"数据法盟",2020 年 1 月 11 日上传,https://mp.weixin.qq.com/s/9ElVAWe6yeir9j0Y8sNRvg。
[3] Benjamin Greze, "The Extra-Territorial Enforcement of the GDPR: A Genuine Issue and the Quest for Alternatives", *International Data Privacy Law*, Vol. 9, 2019, p. 109-128.

否"在其活动范围内对个人数据进行处理"。[1]只要满足了这两个要件,无论处理行为是否在欧盟境内进行,都属于 GDPR 的适用范围。如一个位于美国的总公司,在欧盟境内设立了一个分支机构,那么该分支机构的数据控制或处理行为要受到 GDPR 的约束,同时设立该机构的美国总公司的数据控制或处理行为也要受到该条例的约束。

(二)"长臂管辖"之针对性标准

GDPR 第 3 条第 2 款对"数据处理行为"进行了界定。无论数据控制者或数据处理者是否在欧盟境内,只要其处理行为满足下列条件之一就属于 GDPR 适用范围:第一,向欧盟的数据主体提供商品或者服务,支付对价不是必要条件;第二,监控了欧盟境内发生的与数据主体有关的活动。由此可以看出,即便没有在欧盟境内设立实体的控制者或者处理者,只要数据处理行为与第 2 款规定的任一活动有关就适用 GDPR。在对"针对性标准"进行判断时,欧盟数据保护委员会建议采用两步法:首先,评估该数据处理行为是否与欧盟境内数据主体的个人数据有关;其次,评估此处理行为是否为提供商品或服务,或与监视欧盟境内数据主体的行为有关。[2]根据第 2 款的规定,如果欧盟以外的企业为欧盟境内的数据主体提供商品或者服务,无论是有偿还是无偿,或者对在欧盟境内的数据主体有监控的行为,都会落在 GDPR 的管辖范围内。[3]

---

[1] See EDPB, Guidelines 3/2018 on the Territorial Scope of the GDPR (Article 3), p. 4-5.

[2] See EDPB, Guidelines 3/2018 on the Territorial Scope of the GDPR (Article 3), p. 12.

[3] 许可:《数字经济视野中的欧盟〈一般数据保护条例〉》,载《财经法学》2018 年第 6 期。

(三)"长臂管辖"之国际规范规则

GDPR 第 3 条第 3 款规定:"本条例适用于虽在欧盟境外设立,但基于国际公法成员国的法律对其有管辖权的数据控制者的个人数据处理。"欧盟数据保护委员会认为,欧盟成员国位于欧盟境外的大使馆和领事馆的关于个人数据的处理行为仍然适用于 GDPR,要遵守 GDPR 的相关规定履行一般义务及向第三国或者国际组织传输个人数据。[1]

从"长臂管辖"之实体标准、针对性标准及国际规范规则可以看出,GDPR 的地域适用范围并没有遵循传统的原则,而是将涉及欧盟的个人数据的所有行为都纳入其中,按照行为的效果确立了一种新的地域管辖原则,即以属地原则为主、效果原则为辅的原则。[2]

四、欧盟模式的功效与局限

欧盟的数据治理模式是在启蒙理念下形成的以基本权利为基础的保护模式。欧盟层面的立法特别是 GDPR 赋予了数据主体很多权利,如信息获取权、数据可携权、被遗忘权、拒绝权、限制处理权等。欧盟模式有其优势,但也存在着一些局限。

(一)欧盟模式的成效

欧盟《通用数据保护条例》已经实施 5 年多,其为数据保护设立了较高的标准,世界许多国家也依照此标准制定或修改了本国的个人数据保护法。在 GDPR 实施的过程中,取得了一定的成效。从欧盟数据保护委员会协调执法及欧盟各成员国的数据保护

---

[1] See EDPB, Guidelines 3/2018 on the Territorial Scope of the GDPR (Article 3), p. 19.
[2] 张建文、张哲:《个人信息保护法域外效力研究——以欧盟〈一般数据保护条例〉为视角》,载《重庆邮电大学学报(社会科学版)》2017 年第 2 期。

局具体执法成效来看，GDPR 显示出巨大的威慑力。对于民众而言，其更加关心数据权利保护，向欧盟各成员国的数据保护局提出关于数据咨询和申诉的民众与日俱增。对于企业而言，合规成本上升是最主要的影响。此外，很多企业新增了"数据保护官"（DPO）这样的新职位。欧盟将 GDPR 的标准向全世界推广，希望能够确立个人数据保护的"国际标准"。例如：关于人脸识别技术的运用，由于瑞典某学校试图通过人脸识别技术对学生的出勤率进行登记，瑞典数据监管局（DPA）认为这样的行为严重侵犯了学生的权利，于是对该学校进行了处罚。[1] 此外，GDPR 的"长臂管辖"促使欧盟境外的国家和地区更加重视个人数据保护，如美国 2018 年颁布了《加州消费者隐私法案》，印度 2018 年发布了《个人数据保护法（草案）》，我国 2021 年相继颁布了《数据安全法》《个人信息保护法》。

（二）欧盟模式的局限

《通用数据保护条例》作为欧盟最具有代表性的数据保护立法，在实施的过程中也表现出其局限性。欧盟的一些学者进行了反思，美国的一些学者也开始探讨能在欧盟的不足中汲取什么经验。主要体现在以下三个方面：首先，GDPR 虽然被认为是数据保护的黄金标准，能够为公民提供强有力的数据保护，但实施以来，并未有效保护公民免受社会监视所带来的伤害。如：瑞典 GDPR 处罚第一案，瑞典数据监管局虽然对学校进行了罚款，但并没有对此行为进行非法的定性；法国监管机构虽然将在中学使用面部识别的行为界定为非法，但并没有对政府将面部识别作为国家强制性数字身份项目提出异议；2019 年 5 月，英国一法院对南威尔士

---

[1] 2019 年 8 月 21 日，瑞典数据保护机构对瑞典 Anderstorps 中学因违反 GDPR 第 5 条规定的数据最小化原则和第 6 条规定的数据处理的合法依据而判处 2 万欧元罚款。这是瑞典数据保护机构针对违反 GDPR 规定的行为作出的第一笔处罚。

警方使用人脸识别技术作出了支持的判决。[1]

其次,欧盟内部就 GDPR 的具体实施也进行了一些反思。主要存在的问题是:投诉门槛过低,造成监管机构不堪重负,如关于人脸识别技术,每个数据主体都有申诉的权利,在实践中过低的申诉门槛以及大量的重复投诉造成了监管机构的负担;中小企业的特殊豁免并没有落到实处;域外适用的执行落地遭遇了困境;相关行政规制和司法救济之间缺乏协调;司法系统应该同样适用 GDPR;应该继续构建多形式的数据跨境流动渠道;为技术创新发展保留新的空间。[2]

最后,GDPR 实施以来,更加有利于头部企业的发展,削弱了中小企业的竞争力。GDPR 实施后的企业合规成本对于许多公司而言是一笔高昂的费用;GDPR 使得自由言论和表达变得沉默,并没有创造更多的网络信任;GDPR 为身份盗窃以及在线欺诈创造了更加有利的条件,增加了网络安全的风险;同时,GDPR 也对新技术的创新和研究产生了威胁。[3]

第二节 自由理念下的美国模式

在自由理念的引导下,美国数据立法呈现出不同于欧盟的立法特点。美国重视数据治理,不仅最早对人脸识别技术进行研究,

---

[1] 李蒙:《GDPR 本该保护我们隐私,却为何并没有发挥作用?》,载微信公众号"数据法盟",2019 年 11 月 25 日上传,https://mp.weixin.qq.com/s/cIYodV5OYAFm-0qH-79-Sg。

[2] 王融、朱军彪:《GDPR 2 周年,来自欧盟内部的反思与启示》,载微信公众号"腾讯研究院",2020 年 6 月 6 日上传,https://mp.weixin.qq.com/s/Iw1J0lYQOa5Kl8fszvqkgw。

[3] 《GDPR 的 10 个问题——美国可以从欧盟的错误中吸取什么教训?》,载微信公众号"数字经济与社会",2020 年 5 月 29 日上传,https://mp.weixin.qq.com/s/7n0zJp02eg1nz_5mOVy9IQ。

还对其进行了深度的挖掘。美国的数据治理模式以"自由"为核心。公民自由,指社会所能合法施用于个人权利的性质和限度,即统治者施用于群体的权力应受到一定的限制,这个限制就是"自由"。[1]从《信息自由法》规定政府机关的文件可公开,到《阳光下的政府法》提出政府机关的会议必须公开,再到《电子信息自由法》强调计算机内的数据也需要公开,可以看出美国为了保护公民的信息自由权作出的努力。又如,由于政府可以通过人脸识别技术随时大规模地抓取数据,且无须数据主体同意,严重侵犯了公民的自由,使公民丧失了匿名权,所以美国部分州已经开始禁止人脸识别技术的使用。

在美国的数据立法中,数据保护主要包括数据隐私领域及数据安全领域。美国对数据保护的立法模式是对数据隐私领域和数据安全领域进行分别立法。截至2021年,美国联邦层面没有制定统一的数据保护基本法,而是对健康医疗数据、金融数据、政府数据、消费数据、教育数据及儿童数据进行了分散的立法,制定专门的数据保护法律,进行分类管理。美国各州的数据立法也形成了具有各州特色的数据保护法律框架。与联邦层面不同的是,美国各州更加倾向于制定法典化的数据保护法案。截至2022年,美国各个州都制定了保护数据的相关立法,而且一些州针对消费者的权益保护也出台了消费者数据保护法。例如:2018年6月,加利福尼亚州颁布了《加州消费者隐私法案》,对消费者的个人数据进行了全面保护。2019年5月,《内华达州数据隐私法》颁布。2021年3月,弗吉尼亚州颁布了《消费者数据保护法》;同年6月,科罗拉多州颁布了《隐私法》。2022年3月,犹他州颁布了《消费者隐私法》;同年5月,康涅狄格州颁布了《数据隐私法》,

---

[1] [英]约翰·密尔:《论自由》,许宝骙译,商务印书馆2018年版,第1—2页。

成为美国第五个拥有消费者隐私全面立法的州。2021年7月，美国统一法律委员会（ULC）通过了《统一个人数据保护法》，这是一项旨在统一州隐私立法的示范法案，在2022年1月被州立法机构引入。[1]2022年7月，美国众议院能源和商业委员会通过了修订后的《美国数据隐私和保护法案》（American Data Privacy and Protection Act, ADPPA），该法案作为美国联邦层面的综合性隐私保护法草案即将进入全众议院投票阶段。从当前的立法趋势看，美国国会有将数据隐私领域与数据安全领域统一立法的趋势。[2]

一、"分行业"为主的分散立法模式

美国联邦层面的数据立法不同于欧盟的"统一立法"模式。目前，美国在联邦层面没有制定类似于GDPR的统一数据保护的基本法，而是采取了针对不同行业的分类分散立法模式。美国联邦层面在电信、金融、健康、教育及儿童在线隐私、就业等相关领域都制定了相关的数据保护立法。

（一）《金融服务现代化法案》

《金融服务现代化法案》（1999年）亦称《格雷姆-里奇-比利雷法案》（Gramm-Leach-Blitey Act, GLBA）。GLBA的保护对象是非公开的个人信息，该法规定金融消费者对于自己的金融数据具有一定的控制权。GLBA规定，金融机构如果没有告知金融消费者对于自己的数据能够"选择退出"（opt-out），则不得将非公开的个人信息共享给第三方，也不能将用户账号或信用卡号分享给第

---

[1]《美国〈统一个人数据保护法〉（UPDPA）》，载微信公众号"数据法盟"，2021年8月17日上传，https：//mp.weixin.qq.com/s/3wlMMPKdlFcP-DJmfG2kLg。
[2] House Committee Passes Comprehensive Federal Privacy Legislation, https://www.natlawreview.com/article/house-committee-passes-comprehensive-federal-privacy-legislation.

三方用于直接营销的目的；金融机构应当向金融消费者提供清晰而又明确的隐私政策，并且通过"管理、技术、物体防护"等手段来保护非公开个人信息的安全。[1]

(二)《金融消费者保护法案》

《金融消费者保护法案》（Consumer Financial Protection Act, CFPA, 2010年）与《格雷姆-里奇-比利雷法案》都是关于保护金融数据的法案。CFPA旨在禁止金融机构在进行与数据有关的处理活动时，存在数据滥用或者不公平以及欺骗的情况。CFPA为了保护金融消费者的金融数据设立了专门的消费者金融保护局（CFPB），消费者金融保护局不仅要制定相关法律规则，还要负责法律的监督和执行。[2]

(三)《健康保险流通与责任法案》

《健康保险流通与责任法案》（HIPAA, 1996年），旨在对个人健康数据进行全面保护。HIPAA规定，没有获得患者的知情同意，医疗机构不得向第三方共享患者的健康数据，也不得允许第三方使用患者的健康数据；数据主体有权要求医疗机构提供其个人健康数据的副本；医疗机构需要加强对患者健康数据的安全保护，在发生数据泄露的情况下，应当在60日内告知数据被泄露的患者。[3]

(四)《公平信用报告法案》

《公平信用报告法案》（Fair Credit Reporting Act, FCRA, 1970年），对消费者信用信息的保护作出了相关规定。FCRA规定，信

---

[1] Congressional Research Service, *Data Protection Law: An Overview*, March 25, 2019, p. 8-10, http://fas.org/sgp/crs/misc/R45631.pdf.

[2] Congressional Research Service, *Data Protection Law: An Overview*, March 25, 2019, p. 35-36, http://fas.org/sgp/crs/misc/R45631.pdf.

[3] Congressional Research Service, *Data Protection Law: An Overview*, March 25, 2019, p. 10-12, http://fas.org/sgp/crs/misc/R45631.pdf.

用机构的报告应保证消费者信用信息的准确性，同时要保护消费者免受错误信用信息的侵害。FCRA 还对消费者信用信息的披露条件作出了相关规定。[1]不同于 GLBA 和 HIPAA，FCRA 并没有规定共享消费者信息时应当获得消费者"选择进入"（opt-in）或者"选择退出"同意的要求，也没有规定未经授权不得访问消费者信息的安全保护要求。[2]

（五）《视频隐私保护法案》

《视频隐私保护法案》（Video Privacy Protection Act，VPPA，1988 年），主要保护的是租赁、买卖或者交付录像带和视听资料过程中的个人数据。VPPA 也对消费者的共享机制进行了规定，即未经消费者明确同意，不得披露消费者个人可识别的相关信息。[3]随着电子信息的发展，虽然关于录像带的租赁、买卖及交易不再那么频繁，但是 VPPA 仍是关于隐私保护的重要法律。

（六）《家庭教育权利和隐私权法案》

《家庭教育权利和隐私权法案》（Family Educational Rights and Privacy Act，FERPA，1974 年），主要规制的是教育机构收集的有关学生的教育信息。FERPA 的适用对象覆盖面较广，包括"与学生直接相关"且"由教育机构或接受联邦资助的机构进行维护"的任何个人信息，几乎涵盖了所有的高校。FERPA 对与教育有关的个人数据的共享规则和披露规则也进行了相关规定。在没有例外规定的情况下，任何教育机构未征得家长的同意或者年满 18 周岁

---

[1] Congressional Research Service，*Data Protection Law：An Overview*，March 25，2019，p. 12-13，http：//fas. org/sgp/crs/misc/R45631. pdf.

[2] 杨婕：《域外观察丨一文读懂美国数据保护立法情况》，载微信公众号"CAICT 互联网法律研究中心"，2019 年 7 月 2 日上传，https：//mp. weixin. qq. com/s/OzL7NYSeIk5aT45w6gOz4Q。

[3] Congressional Research Service，*Data Protection Law：An Overview*，March 25，2019，p. 19-20，http：//fas. org/sgp/crs/misc/R45631. pdf.

学生本人的同意许可公开或者共享学生教育信息的,将无法获得联邦机构的资助。[1]

(七)《儿童在线隐私保护法案》

《儿童在线隐私保护法案》(Children's Online Privacy Protection Act, COPPA, 1998 年),是关于儿童隐私保护的一部重要法律。COPPA 的规制对象是商业网站或者网络服务商,旨在保护 13 周岁以下儿童的个人信息。COPPA 对于使用或者披露儿童个人信息的行为作出了相关规定,即首先需要通知并且取得 13 周岁以下儿童父母的可验证同意,其次建立和维持合理的程序,最后在制定清晰且明确的隐私政策的基础上确保儿童个人信息的安全性、保密性与完整性。[2]

(八)《电子通信隐私法案》

《电子通信隐私法案》(Electronic Communications Privacy Act, ECPA, 1986 年),是目前美国关于电子信息最全面的立法。ECPA 规定,当使用电话等方式进行信息传递的窃听、电子监听等行为时,必须事先征得被监听方的同意。而在司法实践中,依据 ECPA 对企业的违法在线数据收集行为提起的相关诉讼都没有获得美国法院的支持,由此可以看出,目前并没有将在线商业数据的收集行为纳入其规制范围。[3]

(九)《计算机欺诈和滥用法案》

《计算机欺诈和滥用法案》(Computer Fraud and Abuse Act, CFAA, 1986 年),保护的是计算机中的个人信息。CFAA 禁止在

---

[1] Congressional Research Service, *Data Protection Law: An Overview*, March 25, 2019, p. 20-21, http://fas.org/sgp/crs/misc/R45631.pdf.

[2] Congressional Research Service, *Data Protection Law: An Overview*, March 25, 2019, p. 24-25, http://fas.org/sgp/crs/misc/R45631.pdf.

[3] Congressional Research Service, *Data Protection Law: An Overview*, March 25, 2019, p. 25-28, http://fas.org/sgp/crs/misc/R45631.pdf.

未经授权的情况下访问计算机或者超出授权访问计算机，对非法侵入计算机并且获取他人数据的行为规定了相关的罚则，但对于数据收集和使用等相关数据保护问题，CFAA 并没有作出相关规定。[1]

(十)《联邦贸易委员会法案》

《联邦贸易委员会法案》（Federal Trade Commission Act, FTCA, 1914 年）的目的是"禁止不公平或欺骗性贸易行为"。FTCA 规定，商业机构（企业）应当确保数据隐私政策和数据安全，同时受数据隐私政策和数据安全承诺的约束。当企业违背自己所发布的隐私政策或者没有充分地保护数据安全时，就属于违背了自己的承诺，从事了欺骗性的行为。不公平的贸易行为主要体现为，企业的隐私条款冗长且艰涩难懂、企业设置消费者无法轻易修改的默认隐私选项等。实践中，目前联邦贸易委员会已经由于企业的不公平或欺诈贸易行为进行了数百起数据执法行动，但联邦贸易委员会有其局限性，即根据 FTCA 的相关规定，其无法规制没有作出数据保护承诺的相关企业。[2]

二、"自由式市场"为核心的治理模式

在自由理念的影响下，美国对于数据的治理模式是从强调自由的角度出发的，采用的是"自由式市场"为主，辅以强监管的治理模式。美国在数字经济上获得巨大的成功与数据的自由流动有重要的关系。《加州消费者隐私法案》是美国颁布的一部在世界范围内有代表意义的个人数据保护方面的法律，体现出美国对于

---

[1] Congressional Research Service, *Data Protection Law: An Overview*, March 25, 2019, p. 29-30, http://fas.org/sgp/crs/misc/R45631.pdf.

[2] Congressional Research Service, *Data Protection Law: An Overview*, March 25, 2019, p. 30-32, http://fas.org/sgp/crs/misc/R45631.pdf.

数据保护所采取的不同于欧盟的监管取向。2019年10月1日新生效的《内华达州数据隐私法》（Senate Bill No. 220，SB 220）获得了学术界和实务界的高度关注，也体现出"自由式市场"的数据治理特点。

（一）《加州消费者隐私法案》

《加州消费者隐私法案》是继欧盟《通用数据保护条例》颁布后又一部数据隐私领域的重要法律，其于2018年6月28日正式颁布，在随后的两年内又陆续进行了多次修订，于2020年1月1日起正式生效实施，强制执行于2020年7月1日开始。该法案被认为是美国首部针对消费者数据制定的全面法规。CCPA与GDPR作为个人数据保护的法律受到了国际上的关注，体现出美国和欧盟对于数据所持有的不同的模式。两者的不同主要体现在以下几个方面：

第一，个人数据的定义。GDPR关于个人数据的定义采用的是抽象概念；而CCPA采用的是抽象定义加不完全列举的结合方式，对于个人信息的界定范围更加宽泛且更加明确。第二，管辖权原则。GDPR的管辖原则复杂且覆盖面宽泛，CCPA的管辖原则相对简单且更加聚焦重点。CCPA强调管辖"以商业目的处理加利福尼亚州居民个人信息的企业"，同时还设置了"年收入门槛"、"数量门槛"及"收入比例门槛"。第三，数据处理原则。GDPR以保护数据主体的基本权利为要点，CCPA更偏向于规划数据的商业化利用。从GDPR的相关规定中可以看出，GDPR"以禁止为原则，以合法授权为例外"；CCPA则为了促进商业的流动采取的是"以允许为原则，以附条件禁止为例外"。第四，儿童个人信息的保护。关于儿童个人信息的保护，GDPR采取的是严格保护的路径。年龄未满16周岁儿童的个人信息，只有获得了监护人的同意授权才能被收集处理。CCPA并没有采取"一刀切"的严格保护路径，而是采取了分情况讨论"选择退出权"的规定。CCPA对儿童的年龄段进行了区分，对于未满 13 周岁的儿童，只有在监护人同意授权的情况下企业才能处理其个人信息；对于已满 13 周岁未满 16 周岁的儿童，如果获得了儿童本人的明确授权，企业可以处理其个人信息。第五，被遗忘权。被遗忘权是 GDPR 规定的重要权利，相比于 GDPR，CCPA 规定的被遗忘权的行使有更多的障碍和门槛，如"利益衡平测试""必要性测试"。同时，CCPA 对于"被遗忘权"进行了例外规定。第六，数据跨境传输管控。GDPR 有五道关口环环相扣，对数据的跨境转移进行严格限制和把控；而 CCPA 对于数据的跨境转移没有明确的规定，有留白的空间。CCPA 鼓励数据的自由跨境流动，只有更多的数据流入美国才能促进美国发展全球数据资产。[1]

美国加利福尼亚州的科技互联网产业发达，是硅谷所在地。数据是新时代的"石油"，是互联网企业的关键生产要素。互联网企业收集了消费者大量的个人信息，随之而来的是数据泄露、数据黑产等问题频发。CCPA 的颁布是为了规制企业收集、使用数据的行为，从而保护加利福尼亚州消费者的隐私权利。如在"Hanna Andersson 与 Salesforce 数据泄露集体诉讼"[2]中，Hanna Andersson、Salesforce 与原告就数据泄露集体诉讼达成和解协议。童装零售商 Hanna 和电商平台 Salesforce 违反 CCPA，造成了用户隐私泄露的风险，Hanna 同意支付 40 万美元并采取纠正措施来解决集体

---

[1] 孙海鸣：《GDPR VS 加州隐私法：欧美这两部个人数据保护法规有什么差异?》，载微信公众号"腾讯安全战略研究"，2019 年 5 月 23 日上传，https://mp.weixin.qq.com/s/AnkWT_ st-lj3ioYrZYgnkg。

[2] 此次诉讼源于 Hanna 在 2020 年 1 月通知客户和各州检察长，称有未经授权的第三方访问了其网站上的 2019 年两个月内的购买信息，客户信息可能遭到泄露。Hanna 使用的名为 Salesforce 的电商平台被恶意软件感染，可能会恶意抓取客户的信息。超过 20 万名消费者对此提起了诉讼。这是被指控违反《加州消费者隐私法案》最早的案件。

索赔。[1]在这个案件中，CCPA 为用户提供了私人诉讼权，加利福尼亚州居民的数据权利得到了保护。但 CCPA 提供的诉权是有限的，而《加州隐私权法》（California Privacy Rights Act，CPRA）扩大了这个诉权。

（二）《加州隐私权法》

2020 年 11 月 3 日，《加州隐私权法》通过，其强化了对个人数据的权利保护，修正并拓展了 CCPA，被称为"CCPA 的 2.0 版本"。无论是 GDPR 还是 CCPA，都面临着在具体操作过程中，个人数据权利保护没有达到预期目标的问题，因此加利福尼亚州选民通过了第 24 号提案《加州隐私权法》。CPRA 在 CCPA 的基础上更好地保护了加利福尼亚州居民的隐私权益，并通过增加企业的相关义务使得个人数据权利保护的目标落地。

CPRA 为了促进个人数据权利保护，赋予了加利福尼亚州居民一些新的权利，主要体现在以下三个方面：第一，成立了一个专门、独立的隐私保护机构，即加利福尼亚州隐私保护机构（CPPA），其有权对违反加利福尼亚州隐私法的行为进行起诉。这是全美第一个执行数据隐私法规的专门、独立的执法机关，该监管机构拥有行政权、特权和管辖权，能对 CPRA 的实施进行指导，并且能对企业违反 CPRA 的行为进行处罚，同时还承担相应的法律责任。[2]第二，增设了对敏感个人信息的保护。CPRA 增设了一项新的敏感个人信息类别数据保护，包括健康信息、种族、宗教、社会保险号码、地理位置信息等，并赋予消费者控制这些敏感个人信息的权利。企业需要公布"选择退出"的链接以确保消费者对

---

[1] 何渊：《CCPA 第一案丨零售商 Hanna、电商平台 Salesforce 与原告达成协议，以解决数据泄露的集体诉讼》，载微信公众号"数据法盟"，2020 年 11 月 25 日上传，https://mp.weixin.qq.com/s/o64-fPGKkxFcJGOGZeHdvQ。

[2]《〈加州隐私权法（CPRA）〉中译本全文》，载微信公众号"数据法盟"，2021 年 2 月 22 日上传，https://mp.weixin.qq.com/s/mFkIev-1UflMpxwPPP2RZw。

这些敏感信息有随时"选择退出"的权利，确保消费者对个人敏感数据的发言权。第三，赋予了消费者更多的数据权利。早先CCPA就对消费者的删除权进行了相关规定，消费者有权删除其个人信息。而CPRA将删除权进行了进一步的扩大，以确保删除权的行使。同时，还增加了数据更正权，当企业收集的个人信息出现不准确的情况时，消费者有权要求企业更正不准确的信息；企业需要遵守CPRA的规定提供相关通知，并尽力遵守消费者的数据更正请求。

(三)《内华达州数据隐私法》

《内华达州数据隐私法》（SB 220）于2019年10月1日生效，该法案强调保护公民互联网的隐私，要求互联网网站和在线服务运营商在未获得消费者同意的情况下不得出售其个人数据。如果违反SB 220，互联网网站或者在线服务运营商可能会收到禁令或者最高5000美元的民事处罚。SB 220和CCPA都是美国州层面关于消费者数据隐私保护的法律，体现出美国"自由式市场"的数据治理模式。但是，SB 220与CCPA仍存在着差异，主要体现在以下三个方面：

第一，适用范围不同。CCPA的适用范围更加宽泛，CCPA对于所有的在线和离线业务运营商都适用。而SB 220仅适用于内华达州消费者的个人信息网站或提供在线服务的运营商，且对于一些实体作出了排除适用的规定，如受《金融服务现代化法案》管辖的金融机构及其关联方、受《健康保险流通与责任法案》管辖的实体、网站或提供在线服务的运营商的服务提供商，以及汽车制造商和服务商等都不适用SB 220。第二，对于消费者的定义不同。CCPA对消费者的定义更加广泛，包括加利福尼亚州的所有居民。而SB 220规定消费者是基于"个人或家庭"的用途从互联网购买或租赁商品、服务或者信用的人。第三，消费者的权利不同。

CCPA 授予消费者访问权、可携权、删除权等权利。而 SB 220 虽然并没有授予消费者这些权利，但实际上授予了消费者"选择退出"的权利。这里的"选择退出"权利不同于 CCPA 的选择退出规定，主要体现在：SB 220 不强行要求设置"请勿出售我的个人信息"按钮，消费者可以通过电子邮件地址、免费电话号码及网站等更加灵活的方式选择退出；SB 220 对于"出售"的定义更加具体且具有可操作性，而 CCPA 对于"出售"的定义更加模糊且宽泛；SB 220 对于"选择退出"的权利没有设置年龄要求，任何年龄的消费者都可以自由选择退出；与 CCPA 相比，SB 220 中选择退出的信息适用范围更窄，CCPA 的适用范围是"能够与消费者或家庭相关联的任何信息"，SB 220 则适用于能够单独或者与其他信息结合识别出特定消费者的任何其他信息。[1]

三、"改正期制度"为创新的规制模式

欧盟的《通用数据保护条例》与美国的《加州消费者隐私法案》是不同理念下的数据保护法律，具有不同的法律传统，属于不同的法系，但对于规制模式都选择了以行政处罚为主的效率优先模式。不同的是，CCPA 提出的"改正期制度"要求在对企业进行处罚之前，要给企业一个改正违规行为的窗口期。这样的创新制度值得借鉴，企业窗口期可以让企业自主改进违法行为，提高对于违规行为的纠正效率，以实现监管资源的有效利用。[2]

法律权威的实现有赖于其在现实生活中被遵守，但是法律的

---

[1] 何渊：《美国内华达州的新〈消费者隐私法〉与加州 CCPA 的巨大差异?! CCPA V. SB 220》，载微信公众号"数据法盟"，2019 年 11 月 17 日上传，https://mp.weixin.qq.com/s/-tZPxP4v5VRV8LccFpLVzw。

[2] 王融、黄致韬：《迈向行政规制的个人信息保护：GDPR 与 CCPA 处罚制度比较》，载微信公众号"腾讯研究院"，2020 年 3 月 18 日上传，https://mp.weixin.qq.com/s/87qPnJ7OK2KZpmoRSZbYxg。

执行需要耗费社会成本。[1]因此，想要以最小的成本实现法律实效就需要有合适的法律规制途径。欧盟将严格的政府执法、公共压力之下的行业自律和低水平的诉讼机制相互结合，称为"合作法治主义"模式。[2]在个人数据保护领域，从执法效率的角度来看，行政规制体现出更高的效率。CCPA的"改正期制度"指，对于企业违反个人信息保护法律的行为，原告（总检察长或私人）首先需要向企业发出不合规的通知，如果企业在收到通知之后的30天内作出了相应的整改，原告就不得再提起诉讼。CCPA不仅在行政罚款中规定了改正期制度，也在私人诉讼中规定了改正期制度。CCPA的"改正期制度"是美国的创新之举，在程序设计方面体现出其合理性和高效率。GDPR的高额罚款使得其在世界范围内有强大的威慑力，但处罚并不是为了罚而罚，而是为了更好的法律实效和法律执行。CCPA的"改正期制度"给了企业一次改正的机会，减少了过度诉讼以及滥诉，将"改正期制度"作为行政罚款和民事诉讼的前置程序，能够提高司法资源使用效率，让有限的资源投入更加需要解决的案件中。

在执法效率方面，美国比欧盟的程序更加优化，不仅体现在"改正期制度"上，还体现在"和解"上。美国联邦贸易委员会在2019年关于消费者隐私保护的执法案例中采取了"和解"的方式，也在一定程度上避免了滥诉的发生。如：2019年7月，Facebook就剑桥数据丑闻与美国联邦贸易委员会达成和解，创下了美国联邦贸易委员会最高罚单纪录50亿美元；2019年6月，美国联邦贸易委员会分别与DealerBuilt和InfoTra就公司没有采取合理的安全保障措施保护客户个人信息的违法行为达成了和解。这些执法案

---

[1] 戴治勇：《选择性执法》，载《法学研究》2008年第4期。
[2] 周汉华：《探索激励相容的个人数据治理之道——中国个人信息保护法的立法方向》，载《法学研究》2018年第2期。

件都体现出美国在执法效率上的程序优化。

四、美国模式的功效与局限

美国的数据治理是在自由理念下形成的以"分行业"为主的分散立法模式，强调以"自由式市场"为核心，体现出美国在保护个人数据主体权利的基础上，侧重于促进数据共享流动与数据的商业利用价值。美国个人信息保护模式具有灵活性、具体性和高效率，但也存在一些局限。

（一）美国模式的优势

2018 年美国公布的《加州消费者隐私法案》作为美国数据法律保护的代表，与代表欧盟数据法律保护模式的《通用数据保护条例》有差异性。由于历史、传统文化及立法驱动力的不同，美国与欧盟数据法律保护模式的差异不仅体现在形式上，还体现在立法价值取向及内核上。在保护数据主体权利与促进数据流动之间的权益平衡上，美国和欧盟体现了不同的价值倾向。

美国采取的"分行业"式的"自由市场"模式主要有以下三个方面的优势：首先，促进了数据的市场流动。如 CCPA 高度关注数据的产业利益，不同于 GDPR 对公司收集、使用个人数据采取的"选择进入"模式，CCPA 采用的是"选择退出"模式，即只要数据主体没有拒绝或选择退出，企业就可以继续使用和处理消费者的个人数据。可见，为了确保数据流通和分享的价值，美国更加注重对个人信息的利用而非保护。其次，更有效率的救济途径。GDPR 为防止个人数据权利受到侵害，主要通过行政监管和行政处罚来规制数据控制者和数据处理者，尤其通过高额的罚款形成强大的威慑力。而 CCPA 采取的是消费者权益保护路径，规定了私人诉权且限定为集体诉讼。[1]同时，CCPA 赋予州检察长 30 日改正期窗口对私人诉权加以约束，在约束滥诉的基础上提高了执法效率，改善了执法效果。最后，更加弹性灵活的治理策略。CCPA 鼓励企业对数据进行开放共享，促进去标识化和匿名化个人信息的流通，重视数据增值，以弱监管和数据创新开放为导向。[2]这种与产业实力及制度环境相配套的法律规范富有弹性和灵活性，因此具有可操作性。如关于人脸识别技术的规制，CCPA 对政府等公权力部门和商业私营机构采取了不同的态度，通过抑制政府部门权力，利用美国各个行业之间的严格自律来实现人脸数据隐私保护的目的。[3]这样的治理策略有利于促进人脸识别技术的发展，富有弹性和灵活性。

（二）美国模式的局限

美国数据保护采取的是专门和分散的立法模式，尽管美国国会针对数据隐私和数据安全制定了一系列的法律，但目前规定尚不统一，存在着一些问题：第一，协调联邦立法与州立法的关系问题。目前，加利福尼亚州、内华达州等都已经出台了数据保护法，但美国国会还未出台统一的数据保护法。例如：2019 年 5 月，加利福尼亚州旧金山成为美国第一个禁止使用人脸识别技术的城市；2019 年 6 月，马萨诸塞州萨默维尔市成为全美第二个禁止使用面部识别技术的城市；2020 年 9 月，俄勒冈州波特兰市通过了全美最严人脸识别禁令，同时禁止政府机关和商业私营机构使用人脸识别技术；2020 年 12 月，威斯康星州麦迪逊市也批准了禁

---

[1] 魏书音：《从 CCPA 和 GDPR 比对看美国个人信息保护立法趋势及路径》，载《网络空间安全》2019 年第 4 期。
[2] 陈慧慧：《比较视角看 CCPA 的立法导向和借鉴意义》，载《信息安全与通信保密》2019 年第 12 期。
[3] 文铭、刘博：《人脸识别技术应用中的法律规制研究》，载《科技与法律》2020 年第 4 期。

令，禁止政府机构使用人脸识别技术。目前，美国已经有八个州对人脸识别技术的应用进行了法律规定，但联邦层面还未出台统一的法律规范，各州的数据立法应该如何平衡以及各州与联邦的立法应该如何协调，是美国需要解决的问题。第二，执法机构之间的协调。目前，美国有多个联邦机构承担数据执法工作，如联邦贸易委员会、消费者金融保护局、联邦通信委员会、卫生及公共服务部等。联邦贸易委员会是美国数据保护领域最重要的执法机构，但其执法还存在很多限制。第三，诉讼的举证问题。目前，CCPA 对于个人数据的保护主要是消费者权益保护，将损害赔偿的权利赋予数据主体个人，同时规定诉讼的模式是集体诉讼。但是，由于对数据信息掌握的不对称，个人很难举证证明自己的数据权利遭到了具体的损害。因此，美国当前拼凑型的立法体系只能对特定行业、特定类型的数据以及不公平或有欺诈性质的数据活动进行规制[1]，只能为数据主体提供有限的保护。

第三节　平衡理念下的日本模式

平衡理念下的日本数据立法模式体现出对私人利益与公共利益的平衡，对数据权利保护与数据自由流动的平衡。2019 年，在二十国集团（G20）《大阪宣言》中，日本强调应该建立允许数据跨境自由流动的"数据流通圈"。在保护个人数据安全的前提下，打破数据之间的壁垒，促进数据之间的全球流动，并制定相关的规则以保障实施。为了平衡双重利益，日本政府提出了"自由""信赖"等比较宽泛且模糊的概念。平衡理念下的日本数据保护模

---

[1] 杨婕：《域外观察 | 一文读懂美国数据保护立法情况》，载微信公众号"CAICT 互联网法律研究中心"，2019 年 7 月 2 日上传，https：//mp.weixin.qq.com/s/OzL7NYSeIk5aT45w6gOz4Q。

式，在"不突破现有法律体系"的前提下，以"自由流通"为首要原则，辅以"契约指导"为重心的监管模式，以此来平衡日本数据权利保护与数据流动之间的利益。

一、"不突破现有法律体系"的立法模式

日本最早的数据立法是1988年通过的《有关行政机关电子计算机自动化处理个人资料保护法》，该法主要规制行政机关利用电子计算机处理个人信息的行为。2003年，日本通过了《个人信息保护法》，该法是日本关于个人信息保护的基础性法律。2014年，日本通过了《网络安全基本法》，主要对网络安全战略的部署及网络安全基本政策进行了规定。其中，"网络安全战略部署"的设立是《网络安全基本法》的最大特色。[1] 随着大数据的发展，日本对个人信息保护的意识也在提高。迄今为止，日本的《个人信息保护法》分别于2015年、2020年、2021年经历了三次修改。2015年，日本在不突破现有法律体系的前提下对《个人信息保护法》进行了修改，增设了个人信息保护委员会，是日本的数据保护机构；后续还制定了与《个人信息保护法》相配套的《个人信息保护法实施细则》，以更好地实施《个人信息保护法》。2020年，日本再次对《个人信息保护法》进行修改，此次修改主要内容包括：增加数据主体权利，扩大企业关于数据泄露报告通知的责任，促进企业自我完善、自我合规，鼓励企业在保护用户个人信息的同时对数据进行高效利用，增加罚款力度，对于数据的域外适用及数据传输作出新调整，等等。[2] 2021年，日本又一次对《个人信

---

[1] 何渊主编：《数据法学》，北京大学出版社2020年版，第69页。
[2] 林洁琼：《日本内阁通过〈个人信息保护法〉修正案，强化个人信息保护》，载微信公众号"数据法盟"，2020年3月22日上传，https：//mp.weixin.qq.com/s/0LbYy3EKp22_MIhOq0KMfw。

息保护法》进行了修改，修改内容主要包括国家层面的法律统一化、各地方公共团体条例的共同规则、明确个人信息保护委员会的统一监督职能等。

日本《个人信息保护法》对个人信息的定义采用了"抽象定义＋不完全列举"的方式。日本《个人信息保护法》对敏感数据作出了特别的规定，即在没有获得数据主体明示同意的情况下，禁止企业对敏感数据进行收集和处理。关于数据的跨境转移，日本《个人信息保护法》强调，经营者如果需要向境外的第三方提供个人数据，则需要事先征得数据主体的同意。日本《个人信息保护法》还规定了数据主体享有知情权、更正权。关于处罚规制，日本《个人信息保护法》规定，个人信息保护委员会有要求经营者提交报告或材料、例行抽查、劝告或下达中止违法行为命令等权力。此外，对于严重的违法行为，经营者还会受到不同程度的刑事处罚。

二、"自由流通"为原则的治理模式

日本的数据治理模式以构建开放的数据流通体系为目标，在不突破现有法律规定和法律解释的前提下，对于数据不新设排他性私权的限制；在尊重数据交易、契约自由原则的基础上，促进数据的自由流通。[1] 数据的自由流通是日本关于数据治理的目标，与日本"超级智能社会"（Society 5.0）和"互联工业"（Connected Industries）的发展目标相一致。日本希望通过促进数据的自由流通，构建开放型的数据流通体系，充分挖掘使用数据的价值，以使国家的创新能力获得整体提升。2019 年 2 月，日本同欧盟签署了《欧盟日本数据共享协议》。日本非常重视数据的流通，目前

---

〔1〕 李慧敏、王忠：《日本对个人数据权属的处理方式及其启示》，载《科技与法律》2019 年第 4 期。

日本已经打破了一些行业之间的数据孤岛，形成了一定规模的数据流通市场。[1]

  日本重视数据的自由流动价值，并从各个层面制定措施促进数据的流通，主要体现在以下四个方面：第一，从立法层面制定相关的法律法规。2016 年 1 月，为了促进数据的自由流动，日本政府发布了《第五期科学技术基本计划（2016—2020）》，在这个计划中对社会提出了新的智能 5.0 构想。为了推进超智能社会 5.0，日本颁布了《官民数据活用推进基本法》。2015 年，日本修改并实施了新的《个人信息保护法》，指导数据流通市场的健康发展。2019 年，日本与欧盟达成《欧盟日本数据共享协议》推动数据跨境流动，并因此形成了全球最大的数据流通区域，促进了日本国内大数据及人工智能产业的创新发展。第二，为了有良好的流通环境，日本利用数据交易平台和数据银行促进数据的便捷流通。具体来说，数据交易平台主要是将数据整合后提供给买方进行数据交易；数据银行则更倾向于将数据打造成为一种新的资产，然后以此来构建新的数据交易机制。第三，成立行业协会，规范数据流通市场。为了推动数据的自由流通，日本成立了"数据流通推进协会""官民数据活动共通平台协会"，形成了数据的自由流通市场。协会通过定期举办学术会议、数据大赛等方式对数据利用行为进行普及，促进数据的流通利用和共享交换。第四，日本在促进数据自由流动的同时，密切关注超大型企业的数据垄断问题。2017 年 6 月，日本公正交易委员会发布了《数据与竞争政策调研报告》，该报告对数据的收集与使用行为及与数据相关的并

---

[1] 张博卿：《日本数据流通发展策略带来的启示》，载《中国计算机报》2019 年 9 月 30 日，第 15 版。

购审查中的问题进行了梳理。[1]2018 年，日本对《不正当竞争防止法》进行了修改，增设了"限定提供数据"条款，以此来规制数据的不当利用行为，希望通过此条款建立一个在保护数据生产者积极性的同时不影响数据交易的法律制度环境。[2]2019 年 2 月，日本决定成立反垄断机构，对国际互联网巨头企业进行监管。

三、"契约指导"为重心的监管模式

随着大数据时代的到来，数据交易和流通越来越频繁，而日本现行法律对于数据的适用体现出滞后性。由于数据是无形物，不属于所有权的权利对象，所以无法适用日本《民法典》对数据进行规制。日本《不正当竞争防止法》主要保护的是商业秘密，数据只有符合"秘密管理性"、"有用性"及"非公知性"才属于商业秘密。大部分数据不具有独创性，因此也无法诉诸日本《著作权法》的规定。日本《专利法》对于不具有专利属性的数据也无法适用。由于数据不属于财物，因此日本《刑法典》设立的数据盗窃行为也无法对其权利损害行为进行规制。日本《个人信息保护法》规定个人相关数据属于隐私权的保护客体，并不属于财产权的保护客体。[3]鉴于此种情况，日本并没有盲目急迫地对数据资源设置一个新的排他性的私权，更多的是赋予数据公共属性和非排他性。为了数据能更好地流通和使用，个人信息主体虽然不能求诸物权的排他性权利，但可以基于双方或多方的合意产生的债权合同主张数据权利。日本对于数据之间的权益争夺，更多

---

[1] 韩伟、李正：《日本〈数据与竞争政策调研报告〉要点与启示》，载《经济法论丛》2018 年第 1 期。
[2] 刘影、眭纪刚：《日本大数据立法增设"限定提供数据"条款及其对我国的启示》，载《知识产权》2019 年第 4 期。
[3] 李慧敏、王忠：《日本对个人数据权属的处理方式及其启示》，载《科技与法律》2019 年第 4 期。

地借助于合意产生的合同债权进行"契约指导"。

对于因数据使用、复制、管理、出售等相关行为产生的权属纠纷，日本为了平衡私人利益与公共利益，采用的是以"契约指导"为核心的尊重民事合同的方式。政府对于涉及数据交易的合同，尊重意思自治、契约自由原则，只要不存在法律上的限制，就可以由数据交易双方确定数据权属的分配，以实现数据的自由流通。同时，为了更好地指导数据合同的签订和实施，日本政府发布了签约指南。如：2017年5月，日本经济产业省制定了《数据使用权限合同指南》；2018年6月，日本经济产业省发布了《人工智能与数据使用合同指南》（Contract Guidelines on Utilization of AI and Data），并提供了《数据交易合同范本》。这些合同指南和合同范本的发布有利于更好地促进数据交易的顺利进行，减少数据交易纠纷和成本。

四、日本模式的功效与局限

在平衡理念的影响下，日本在不突破现有法律体系的基础上对《个人信息保护法》进行了多次修改。为了促成"超智能社会"，日本以"数据流通"为数据治理的模式和目标。为了促进数据的自由流通，日本制定相关的法律法规，利用数据交易平台和数据银行创造良好的流通环境，成立数据流通协会以调动企业参与数据流通发展的积极性，等等。在监管方面，日本并没有对数据进行赋权，对新设排他性私权也采取了谨慎的态度，其主要通过尊重契约的意思自治原则来促进数据更好地流通、共享和交易。日本的数据治理模式有其优点，但也存在一些缺陷，主要体现为下面两个方面：

一方面，"不突破现有法律体系"的立法模式具有局限性。2003年，日本通过了具有奠基性意义的《个人信息保护法》，并在

2015年、2020年、2021年对其进行了修改。虽然这种"不突破现有法律体系"的立法方式可以维持法律的稳定性、可预见性，但是仅通过修补现有法律的方式并不能很好地解决数字时代产生的数据问题。数字时代，信息技术更新换代速度很快，新的数据问题不断涌现且日益复杂化，法律的滞后性会更加凸显。

另一方面，非赋权的弱保护模式增加了司法适用的难度。日本并没有对数据赋予绝对权予以保护，而是通过《不正当竞争防止法》对数据权益进行保护。这种弱保护模式虽然能够促进数据的自由流动，平衡数据私有和数据公有，但是存在两个方面的问题：其一，在保护客体、保护要件方面，与商业秘密具有较高的重合度，易导致司法适用难题。从保护客体上看，"二者保护的均是技术信息和经营信息"。从保护要件上看，《不正当竞争防止法》要求受保护的数据具备"限定提供性"和"相当积累性"（数据应积累足够数量且具有附加利用价值）。这些要求与商业秘密保护的信息需要具备的价值性并无实质区别，而《不正当竞争防止法》将数据和商业秘密分开保护的做法会徒增司法适用的困难。其二，无法保护性质上只能免费向一般公众开放使用的数据当事人的利益。日本《不正当竞争防止法》保护的数据，必须是向特定人提供、具备相当积累性的数据。然而，还有很多数据是需要向公众免费开放使用才能获得回报的，收集、整理、分析、加工、处理这类数据的人的利益将无法获得保护。[1]

第四节　探索中的中国模式

就世界各国数据保护的强弱程度而言，欧盟的数据保护力度

---

[1] 李杨：《日本保护数据的不正当竞争法模式及其检视》，载《政法论丛》2021年第4期。

是最强的，美国、中国、俄罗斯保护的力度相对较弱。随着互联网、人工智能的高速发展，我国个人信息侵权案件愈发增多，数据泄露案件频发，如华住集团旗下酒店 5 亿条的用户数据泄露、12306 铁路门票网站 470 余万条的用户数据泄露。在数据泄露、数据黑产问题频发的背景下，中国也正在摸索适合国情的数据保护模式。

目前，中国采用的主要是以安全防范为主、兼顾数字经济发展的模式。2020 年 5 月，我国《民法典》颁布，对隐私权和个人信息进行了专章保护。2021 年 6 月，《数据安全法》颁布，作为我国首部聚焦于数据安全的基础性法律，该法贯彻了数据安全与发展并重的基本原则。2021 年 8 月，《个人信息保护法》颁布，作为我国在个人信息保护领域的基本法，其获得了社会各界的广泛关注。在《数据安全法》《个人信息保护法》颁布之前，我国已经出台了相关的法律规定和标准规范对数据保护问题进行规定，如《国家安全法》《网络安全法》《个人信息安全规范》等。总体来说，我国数据法律规范体系是从安全风险防范的逻辑角度构建的。同时，我国也十分重视数字经济的发展。在二十国集团《大阪宣言》中，中国也强调在保证数据安全的前提下，积极促进数据的自由流动。

一、"安全防范"为重心的治理模式

目前，我国数据保护采取的是以安全防范为主、兼顾数字经济发展的模式。当前，我国数据方面的法律规范主要从安全防范的角度出发对数据行为进行规制。

首先，在宪法层面，《宪法》第 37 条规定了人身自由权，第 38 条规定了人格尊严权，第 39 条规定了住宅不受侵犯的权利，第 40 条规定了通信自由和通信秘密的权利。

其次，法律层面相关的规定有：2009 年，《刑法修正案（七）》对侵犯公民个人信息的犯罪与刑罚作出了规定；2012 年，《全国人民代表大会常务委员会关于加强网络信息保护的决定》对如何保护个人电子信息作出了比较明确的规定；2013 年修正的《消费者权益保护法》第 14 条、第 29 条、第 50 条、第 56 条对消费者的个人信息进行了保护；2015 年 7 月通过的《国家安全法》提出了总体国家安全观；2015 年 8 月，《刑法修正案（九）》规定了侵犯公民信息罪，将非法出售、提供自然人个人信息的主体从特定单位的工作人员扩大至所有主体；2016 年，《网络安全法》颁布，该法主要关注的是网络安全问题，等级保护制度及网络安全审查办法是《网络安全法》的主要制度；2017 年《民法总则》（已失效）第 111 条对自然人的个人信息进行了相关规定，强调了数据收集、使用、处理等过程中整个数据链的安全保护问题；2018，颁布了关于规制电商平台的《电子商务法》；2020 年，万众瞩目的《民法典》颁布，界定了隐私权、数据和个人信息之间的关系，将它们规定在不同的编章里；2021 年，颁布了关于数据安全和数据保护的两部重磅法律，一是关于数据领域国家安全审查的《数据安全法》，二是针对数据隐私及个人信息保护的《个人信息保护法》；等等。

再次，关于数据保护的行政法规主要有：2014 年，《社会救助暂行办法》（2019 年已修订）规定，县级以上人民政府应当按照国家统一规划建立社会救助管理信息系统，实现社会救助信息互联互通、资源共享；2019 年，《国务院关于在线政务服务的若干规定》提出建立全国一体化在线平台；2021 年，国务院发布《关键信息基础设施安全保护条例》，提出建立专门保护制度，进一步健全关键信息基础设施安全保护法律制度体系；等等。

最后，关于数据保护的部门规章主要有：2019 年，《儿童个人信息网络保护规定》是我国第一部涉及儿童个人信息网络保护的专门立法,明确了儿童个人信息网络保护的五大原则,即"正当必要、知情同意、目的明确、安全保障、依法利用";2020 年,《网络安全审查办法》是第一个由 13 个部委联合发布的关于关键基础信息建设、供应链安全的部门规章;2022 年,国家互联网信息办公室发布《数据出境安全评估办法》,规范数据出境活动,保护个人信息权益,维护国家安全和社会公共利益;等等。

二、"信息保护"为主导的立法模式

2018 年 9 月,"数据安全法"和"个人信息保护法"同时被列入全国人大常委会的 69 部法律草案之中。在万众期待中,2021 年 6 月,《数据安全法》颁布;同年 8 月,《个人信息保护法》颁布。《数据安全法》《个人信息保护法》是我国关于数据保护最重要的两部法律,体现了我国对于个人信息保护的重视。这两部法律的颁布标志着我国在数据法治领域迈入了新阶段。

(一)《数据安全法》

《数据安全法》是我国第一部聚焦于数据安全的法律。首先,《数据安全法》对"数据"的概念进行了界定。《数据安全法》第 3 条第 1 款规定,数据是指任何以电子或其他方式对信息的记录。该款规定不强调数据必须具备电子形式,强调数据是信息的载体。然而,将电子和非电子形式都纳入数据的定义中,涉及的范围和边界过于宽泛,大数据时代的"数据"主要以电子数据为主。《数据安全法》第 3 条对数据、数据处理、数据安全三个重要概念进行了界定,但总体而言并没有明确这三个概念的本质特性、区别和联系等,或许采取"抽象概括+具体举例"的定义方式是更佳选择。

其次,《数据安全法》强调安全。数据安全既包括数据本身的安全,即《网络安全法》中提出的数据的完整性、保密性和可用性;也包括数据主权的安全。数据主权包括两个方面:对外是数据流动的自主可控的权利,对内是数据最终的决定权。同时,数据安全还包括狭义的国家安全。如剑桥分析将 Facebook 的数据运用到 2016 年的美国总统大选中,通过针对性广告影响选民,Facebook 陷入数据丑闻。Facebook 数据泄露丑闻表明,数据会对国家政治产生影响。《数据安全法》第 4 条对数据安全工作的基本原则作了相关规定,但对于至关重要的国家数据主权并没有进行系统具体的规定,对于如何构建安全治理体系也没有回应。第 22 条是关于数据安全审查的条款,要求建立集中统一、权威高效的数据安全风险评估、报告、信息共享、监测预警机制,实施安全审查活动以保护国家数据安全。相较于《数据安全法(草案)》,此条款增加了"国家数据安全工作协调机制统筹协调有关部门"对数据安全风险信息进行管理,体现了国家对数据安全、信息保护的重视。

再次,《数据安全法》是法律层面对数据的规定。法律是具有强制性的权利义务规定。《数据安全法(草案)》对于具体权利义务的相关规定是欠缺的,更多的是原则性的规定。而正式出台的《数据安全法》从法律责任来看,下调了一般数据类型的罚款金额,但新设了加重情节。例如:第 45 条新增了违反国家核心数据管理制度,危害国家主权、安全和发展利益的法律责任,这体现了我国对于数据安全的重视。第 46 条新增了违反数据出境管理规定向境外提供重要数据的法律责任,采取了"双罚制",情节严重的罚款上限为 1000 万元,直接负责的主管人员和其他直接责任人员罚款上限为 100 万元,体现出我国对于数据出境安全管理的重视。我国正在构建以《数据安全法》为中心,衔接《反垄断法》《反不正当竞争法》《民法典》《刑法》等多部法律的数据保护法律规范体系,对数据合规工作进行部署。[1]

---

[1] 龙卫球主编:《中华人民共和国数据安全法释义》,中国法制出版社 2021 年版,第 182 页。

复次,《数据安全法》规定了域外效力制度。《数据安全法》第2条规定,当我国的公民、企业组织的数据权益遭遇来自境外的侵害时,我国有权依法追究相关的法律责任。这是我国的"长臂管辖"条款。为了应对美国的《澄清境外合法使用数据法案》(Clarifying Lawful Overseas Use of Data Act,以下简称 CLOUD 法案),《数据安全法》第 35 条、第 36 条对跨境调取数据和防控数据作了规定。无论是欧盟的 GDPR 还是美国的 CCPA 以及 CLOUD 法案都对数据"长臂管辖"设立了条款,正式颁布的《数据安全法》第 36 条相较于草案,扩大了境外数据请求主体的范围,并增加了平等互惠的原则,体现了主权平等及对等原则的域外效力制度。

最后,《数据安全法》重点关注的是国家数据战略以及我国应该如何应对数据的国际竞争。目前,其他国家并没有针对数据安全进行专门的立法,我国的《数据安全法》是首例。无论是美国 CLOUD 法案,还是美国法院要求三家中资银行提供交易数据的案件[1],都体现了美国对于数据的"长臂管辖"。为了解决数据主权和国家治理的问题,我国出台了《数据安全法》。《数据安全法》主要有以下几个亮点:其一,强调建立数据安全协作机制,主张政府强力规制、平台自我规制、行业协会自律的合作治理模式,体现了从管理向治理的转变。其二,强调数据安全与发展的平衡。《数据安全法》第二章对数据安全与发展进行专章规定,强调了国家统筹发展和安全的国家战略。其三,明确重要数据出境安全管理制度。对于重要数据的跨境流动作出了新的规定,关键信息基础设施的运营者收集的重要数据的出境,适用我国《网络安全法》的相关规定;其他数据处理者收集的重要数据的出境,由网信部

---

[1] 2019 年 3 月,美国法院要求三家中资银行就美国执法机构对一家中国香港公司涉嫌违反美国制裁朝鲜相关法令的调查提供银行记录。由于三家银行未遵守强制令,主审法官要求三家银行每天支付 5 万美元罚款,直至将银行记录提交。

门会同国务院有关部门制定办法；境外司法或执法机关调取数据的，需要经过我国主管机关批准，未经批准提供数据的企业和个人都要承担相应的责任。其四，确保了中央国家安全领导机构的数据安全保护职能，规定重要数据的目录由国家确立和制定，并指出对国家核心数据实行更加严格的管理制度，各地区、各部门根据相关行业和领域细化具体的目录，体现了我国数据分级分类的管理制度。

（二）《个人信息保护法》

从个人信息保护来看，目前我国个人信息侵权、数据泄露案件频发。从数据的市场流通价值来看，各大互联网公司关于数据的竞争更加激烈。就数据伦理而言，大数据杀熟、价格歧视、识别错误等问题频繁出现在公众的视野中。就国际形势来看，欧盟、美国、日本等国家和地区都已经进行了专门的数据立法。2018年，美国通过CLOUD法案，其中关于取数据和防数据的双向标准对我国的数据安全产生了很大的影响。2020年，特朗普依据美国《国际紧急经济权力法》及《全国紧急状态法》签署封禁与字节跳动、微信交易的行政命令。为了应对国内数据侵权、数据泄露的问题，以及国际上关于数据财富的竞争压力，我国进行了专门的数据立法，2021年8月20日正式通过了《个人信息保护法》。《个人信息保护法》的出台填补了我国个人信息保护专门立法的空白，是我国个人信息保护领域新的里程碑。

其一，《个人信息保护法》对个人数据权利体系进行了相关规定。《个人信息保护法》第44条规定了个人享有知情权、决定权；第45条规定了个人对数据享有查阅、复制和可携带的权利；第46条规定了个人对于不完整或不准确的信息享有更正和补充的权利；第47条赋予了个人删除权，并对个人行使删除权的具体条件作了详细的规定；第48条赋予了个人要求解释说明的权利；第49条规定了死者个人信息保护的相关权利；第 50 条规定了信息处理者对拒绝个人行使权利请求的说明义务，并规定对于数据处理者的拒绝行为，个人有权依法起诉。《个人信息保护法》借鉴了 GDPR 对于个人数据的权利保护，为数据权利主体规定了一套相对完整的权利体系。

其二，《个人信息保护法》规定了数据处理者的义务。《个人信息保护法》并没有区分数据控制者和数据处理者的概念。其实，大多数国家都没有对数据控制者和数据处理者进行区分，GDPR 对两者进行了区分，并规定了两者对于数据保护不同的权利义务。我国《个人信息保护法》对于数据处理者的义务作出了具体系统的规定。第 51 条列举了数据处理者为保护个人信息应当采取的措施，如：制定内部管理制度和操作规程；对个人信息进行分类管理；采取加密、去标识化等技术化的措施；明确个人信息处理的操作权限，并定期对从业人员进行安全教育和培训；做好个人信息安全事件应急预案；等等。第 52 条规定，处理个人信息达到规定数量的企业应指定个人信息保护负责人，对个人信息处理活动以及采取的保护措施等进行监督（DPO 规则）。第 53 条规定，在中国境外的个人信息处理者处理中国境内自然人个人信息的活动涉及某些特定情况的，应当在中国境内设立专门的机构或者指定代表，负责处理个人信息保护相关事务。第 55 条、第 56 条规定，当处理敏感信息、利用个人信息进行自动化决策、委托处理个人信息或者向第三方提供个人信息及公开个人信息、向境外提供个人信息，以及其他对个人权益有重大影响的个人信息处理活动时，个人信息处理者应该事前进行风险评估。第 57 条规定，个人信息处理者发现个人信息泄露或可能泄露的，应当采取相关补救措施，并通知履行个人信息保护职责的部门和个人。

其三，《个人信息保护法》关注的是个人信息权益的保护问题。当前，个人信息侵权案件频发、数据泄露时有发生、数据竞争愈演愈烈,为了更好地保护个人信息权益,2021年8月我国出台了《个人信息保护法》,其主要有以下五个亮点:第一,引入了"合规"的概念。第54条规定,个人信息处理者应当定期进行合规审计,这体现了我国对个人信息处理从"合法"的管理理念向"合规"的治理理念的转变。合法关注的是是否违反法律的相关规定,合规则关注的是监管问题。"合规"意味着企业将承担更多的自我约束责任,是关于个人信息保护强调政府强力规制与平台自我规制的合作治理模式的体现。第二,对个人信息主体权益进行实质性保护。《个人信息保护法》在第一章总则部分对个人信息保护进行了明确的细化,例如:第7条明确规定,处理个人信息,在公开处理规则的同时需要明示处理目的、方式和范围;第8条对保证数据质量提出了要求。第三,将已经公开的个人信息增加为可以处理的个人信息的情形。第13条第1款规定:"符合下列情形之一的,个人信息处理者方可处理个人信息……(六)依照本法规定在合理的范围内处理个人自行公开或者其他已经合法公开的个人信息。"例如,在"梁某某与北京汇法正信科技有限公司网络侵权责任纠纷案"中,法院认为汇法正信公司公开的裁判文书属于已经过司法公开的文书,并不侵犯个人信息权益。但第13条的这项规定将面临个人信息保护的选择权挑战,即随意使用已公开的个人信息是否会挑战个人信息选择的尊严。第四,明确了个人的数据权利与个人信息处理者的义务。例如:第47条明确了数据主体删除个人信息的具体情况;第49条规定了由近亲属行使死者数据权利的合理理由。第15条、第24条规定了个人信息处理者应当提供便捷的撤回同意方式或者拒绝方式。第五,加强了数据跨境的相关规定。第41条明确规定,非经我国主管机关的批准,个人信息处理者不得向外国司法或执法机构提供存储于我国境内的个人信息。

三、"数字经济"为侧重的发展模式

保护数据权利与促进数字经济发展是数据立法需要进行衡量的重要问题。GDPR 的双核保护不仅赋予数据主体一系列权利，同时也强调促进欧盟区域内数据的自由流通。美国在强调自由市场的同时，以强监管的方式督促企业完善数据合规体系，保障数据主体的相关权利。日本通过契约指导等方式促进数据的自由流通。而中国为了应对美国的 CLOUD 法案及欧盟 GDPR 的"长臂管辖"，建立了以安全防范为主同时发展数字经济的模式，提倡在保证数据安全的前提下，促进数据的流动。在目前反全球化的趋势下，对于数据跨境流动，中国提倡保持市场开放并积极参与国际合作，加强数字基础设施的建设，促进数据安全有序的利用。

2020 年 12 月 24 日，浙江省通过了《浙江省数字经济促进条例》，这是我国第一部以促进数字经济发展为主题的地方性法规。根据《上海智慧公安建设五年规划》，2018—2020 年上海各个区每年在各个街道需要完成不少于 1/3 的智能感知设备安装。截至 2019 年上半年，上海所有封闭式住宅小区已经全部完成"基础版"智能安防建设。[1]中国的人脸识别技术在安防、交通、金融、教育等各个领域已开始广泛运用。如：通过人脸识别技术建设"雪亮"工程，在全国范围内实时收集人脸信息与公安系统数据库进行比对，从而提高公安侦查、治安管理等工作效益。在新冠疫情防控期间，政府部门运用人脸识别技术对公民的身份进行识别，通过"健康码"的出行认证方式实现了疫情防控的高效工作。[2]由于人脸识别技术具有高速、直观的特点，司法系统可以使用人

---

[1] 邱豪：《人脸识别怎么就进了小区?》，载微信公众号"亿欧网"，2020 年 9 月 10 日上传，https://mp.weixin.qq.com/s/ALQFT-56yiYpbR1h8r2KfQ。

[2] 银丹妮、许定乾：《人脸识别技术应用及其法律规制》，载《人工智能》2020 年第 4 期。

脸识别技术更加便捷地寻找失踪儿童和老人。此外,通过人脸识别技术,可以减少冒领扶贫金、套取扶贫款等现象,减少扶贫金领取的手续繁多问题,人脸识别技术的运用提高了精准扶贫、动态跟踪帮扶等工作的效率。2020 年 9 月,央行支付结算司提出,我国可以探索建立统一的数字身份信息系统,身份信息采集的范围包括指纹、人脸等生物识别信息,以此消除数字鸿沟,促进数字金融的发展。[1]目前,我国的人脸识别技术较为领先,为了推动智慧社会的建设,人脸识别技术正在被迅速推广运用。

我国《个人信息保护法》第 1 条规定的立法目的就体现出数据权利保护与数据流动平衡的原则。个人信息权益的保护是基础与前提,个人信息的合理利用是目的,我国《个人信息保护法》强调个人信息权益保护与个人信息有序流动的双重发展。欧盟 GDPR 也在立法目的中表明了双核保护立场,其第 1 条第 1 款规定:"本条例旨在确立个人数据处理中的自然人保护和数据自由流通的规范";第 2 款强调保护个人数据权利的重要性;第 3 款确认了权益平衡的重要性,强调不能因为保护自然人的数据权利限制或者禁止欧盟境内的数据自由流通。我国《个人信息保护法》第 11 条、第 12 条对于合作治理原则、国际交流原则作出了相关规定。第 11 条对多元合作、互动参与的良好数据保护环境进行了明确规定;第 12 条规定,国家积极参与个人信息保护国际规则的制定,促进个人信息保护方面的国际交流与合作。

我国《数据安全法》坚持安全与发展并重的目标,设置专章保护个人、组织与数据有关的权益,并鼓励提升数据开发利用水平,促进数字经济的发展。《数据安全法》第 13—20 条规定了促

---

[1]《央行支付司温信祥:将人脸等纳入范畴,探索建立统一数字身份基础设施》,载微信公众号"移动支付网",2020 年 9 月 24 日上传,https://mp.weixin.qq.com/s/SLc56-E_yFTkWLmpEVz1WA。

进数据发展的措施,如:支持数据相关技术研发和商业创新;促进数据安全检测评估及认证等服务发展;采取多元方式培养数据开发利用技术和数据安全专业人才;等等。《数据安全法》第21—26条对数据安全制度进行了相关规定,如:建立数据分类分级管理制度;建立保护数据安全的各种预警机制;建立应对数据安全紧急情况的应急处置机制以及健全数据安全审查制度和出口管制制度;等等。

《网络安全审查办法》强调数据供应链的安全,主张实现与欧盟GDPR和美国CCPA、CPRA的对接和融合。通过融入全球供应链,制定与数据主流国家融合的法律体系。在全球法律体系中,中国应积极深度参与甚至主导数据治理规则,这样才能更好地保护中国跨境数据的利益。在保护数据安全的前提下,要积极促进数据跨境流动,提升数字经济的包容性,弥合数字鸿沟。

四、中国当下模式的功效与局限

中国对于个人数据的保护正处于探索阶段,在借鉴欧盟、美国及日本等国的数据权利保护模式的基础上,结合本国的政治、经济、社会及国家利益等因素探索适合中国的数据权利保护模式。目前,我国的数据治理以安全防范为重心,在保障数据安全的前提下促进数字经济的发展。立法上制定了一系列有关安全防范的法律法规,如《国家安全法》《网络安全法》《数据安全法》《个人信息保护法》等。2021年出台的《数据安全法》《个人信息保护法》是目前我国个人信息保护领域最重要的两部法律,体现出我国对于个人信息保护的重视。但客观来讲,探索中的中国数据权利保护模式有其优势也有其局限性,下面作一具体说明。

(一)中国模式的功效

2020年春节前后,新冠疫情在全球暴发,影响了各国人民的身体健康及世界经济发展。西方许多国家的企业估值下降。欧盟、澳大利亚、印度、西班牙等国家和地区纷纷出台限制外国投资的投资管制规定。2019年3月，美国法院要求三家中资银行就美国执法机关对一家中国香港公司反洗钱的调查涉嫌违反美国制裁朝鲜相关法律的调查提供银行记录，三家银行援引中国银行业保密规则及《中华人民共和国政府和美利坚合众国政府关于刑事司法协助的协定》（MLAA）被法院驳回。2020年6月，印度以保护国家安全和公共秩序为由禁用包括抖音国际版TikTok、微信、QQ等59款中国App。2020年8月6日，特朗普签署行政命令封禁字节跳动和微信交易。2021年10月，美国以所谓"国家安全"为由，撤销中国电信美洲公司在美业务授权。2022年1月，美国以国家安全为由撤销中国联通在美国的运营牌照。世界出现反全球化的国际趋势，数据安全保护显得尤为重要。而国内，个人信息泄露、数据窃取、数据黑产等事件频发。《2019年数据泄露成本报告》指出，51%的数据泄露事件是由恶意攻击引起的。[1]

当前，中国对于数据安全保护的需求十分强烈。我国数据保护模式的功效主要体现在以下两个方面：一是确保了数据本身的安全。这体现为对重要数据的完整性、保密性、可用性的保护，将安全贯穿数据的供给、流通、使用全生命周期，加强数据的分级分类管理，强化数据安全保障体系。

二是保证了涉及国家安全的数据主权。数据的安全关乎一个国家的主权，在全球数据加速流动的趋势下，国家安全问题至关重要。我国《数据安全法》第2条、《个人信息保护法》第3条均对数据活动的管辖范围作出了规定，体现出我国的"长臂管辖"原则。以"安全防范"为重心的治理模式及以"信息保护"为主

---

[1] IBM Security：《2019年数据泄露成本报告》，http://www.ibm.com/downloads/cas/1DMYOV7N。

导的立法模式确保了数据的安全，在数据安全的前提下促进数字经济的发展。

（二）中国模式的局限

探索中的中国数据权利保护模式主要以安全防范为主，兼顾数字经济发展。《个人信息保护法》在第 1 条立法目的中就阐明了数据保护以及数据合理利用的双重目的。但比较可惜的是，《个人信息保护法》更多的是对个人信息权益的保护，而对于数据的有序合理利用并没有太多的相关规定，数据只有流动和利用起来才能真正地保护个人信息权益。关于法律责任的规定是《个人信息保护法》的一大亮点。第 66 条规定，对于违反本法情节严重的，由省级以上履行个人信息保护职责的部门责令改正，没收违法所得，并处 5000 万元以下或者上一年度营业额 5% 以下的罚款，在此基础上还可以通报有关主管部门作出行政处罚；对于相关责任人员，可处 10 万元以上 100 万以下罚款，还可以对其作出一定从业禁止的限制。第 67 条规定了对违反《个人信息保护法》的行为记入信用档案并予以公示的处罚机制。可见，我国《个人信息保护法》的处罚数额比 GDPR 更高，未来我国在数据保护领域可能会开出千万元甚至上亿元的罚单。这样的处罚规定有着强大的威慑力，能够促使企业重视数据的合规问题，但同时也会给互联网企业造成巨大压力，互联网企业很可能会因为数据合规问题高额的罚款而破产。严格的法律责任应该与柔性的执法机制相结合，如美国为了提高执法效率推行的"改正期制度"，也可以借鉴国外构建行政和解协议制度，一方面可以提高行政执法的效率，另一方面可以敦促各大互联网企业尽早完善数据合规体系。[1] 严格责任与柔性执法相结合才能更好地实现法律效果，提高执法效率。

---

[1] 何渊：《〈个人信息保护法〉亟待解决的十大议题》，载微信公众号"数据法盟"，2020 年 10 月 15 日上传，https://mp.weixin.qq.com/s/Iwa18LfN5PDotpWYM2yVgg。

目前，为了促进数据流通交易，我国很多省市建立了大数据交易中心，但基本上都是不成功的。如何实现数据的共享和交易与数据确权和利益分配制度息息相关。2020年7月，深圳市司法局发布《深圳经济特区数据条例（征求意见稿）》，引起了学界和实务界的广泛关注。该征求意见稿第4条第2款明确了"数据权"的概念，即"数据权是权利人依法对特定数据的自主决定、控制、处理、收益、利益损害受偿的权利"，这是绝对权意义上的概念。然而，2021年7月6日，深圳市人大常委会正式发布的《深圳经济特区数据条例》中，用"数据权益"取代了"数据权"的概念。由此可见，深圳经济特区虽然对数据确权进行了尝试，但是遇到了挑战，并没有真正解决数据权属问题。对具有多重属性的数据立法赋权，并不利于数据流动和共享。就数据竞争规则而言，从反向保护的角度，为他人的数据获取和利用行为设定规范标准可能是更佳选择。[1]

2022年12月，《中共中央、国务院关于构建数据基础制度更好发挥数据要素作用的意见》（"数据二十条"）发布，提出着力建立保障权益、合规使用的数据产权制度，探索数据产权结构性分置，建立数据资源持有权、数据加工使用权、数据产品经营权"三权分置"的数据产权制度框架。该意见突破了所有权的思维定式，在坚守数据安全底线和红线的前提下，促进数据的有序流动、开发利用、交易增值。数据问题较为复杂，且各项数据技术发展较快，新问题不断涌现，探索数据权利保护的道路还很漫长。

---

[1] 田小军、曹建峰、朱开鑫：《企业间数据竞争规则研究》，载《竞争政策研究》2019年第4期。

第四章
数据权利对传统权利的变塑和重建

有学者认为，我国关于数据权利保护的观念呈现四个阶段：第一阶段是传统的阴私观念。阴私观念是诉讼法上的概念，如针对离婚案件不能公开审理等。第二阶段是民法上的隐私观念，主要强调保护个人生活安宁，私密空间、私密活动、私密信息不受打扰。第三阶段是公法上的个人信息保护观念。随着互联网技术的发展，传统的隐私观念无法保护个人数据权益，个人从私法的角度对抗大型互联网公司往往是无力的，此时应强调公法上的规制措施。第四阶段是大数据时代的个人数据观念，主要强调的是数据的流动。[1] 关于数据的控制和分享是数据权利保护的核心议题。

目前，对于数据的权属界定问题主要有以下三种情况：第一，回避关于数据权属的界定问题，直接确定数据流通规则。这是司法实践中常见的处理方式。第二，倡导数据权利是一种财产权利。该观点主要从数据的财产性价值出发进行讨论。如：基于合同约定，数据控制者、数据处理者通过隐私政策等方式获得用户数据的使用权。基于关系理论，即用户和平台都处于同一个服务关系中，双方均有权利获取和使用数据。基于劳动理论，即"出汗理论"，这也是司法实践中常用的理论。由于平台处理数据投入了大量的人力、物力等资源，因此有权利获得基于数据产生的财产性

---

[1] 周汉华：《个人信息保护的法律定位》，载《法商研究》2020 年第 3 期。

利益。如"腾讯诉群控软件案"中，法院对数据进行了分类，认为单个数据的权益应该归数据主体享有，而对于聚合性的数据池，平台才享有一定的权益。基于公共性理论，公共性理论认为，数据不仅具有私人利益属性，也具有公共面向，公共性价值也应该得到充分重视。第三，主张数据是新型权利。由于数据具有多重属性，而且所涉及的利益较为复杂，传统的人格权、财产权保护路径都无法为数据提供全面的保护，因此认为数据是一种新型权利。目前，我国《民法典》《个人信息保护法》并没有明确数据是权利，而是从权益保护的角度进行规定。传统权利理论并没有解决数据权属等问题，法律也未能以权利的形式对数据进行保护，所以也许可以尝试通过构建"数字人权"对数据相关权益进行保护。

第一节 传统权利理论供给不足

在传统权利理论中，存在意志说、利益说、资格说、自由说、要求说、选择说、法力说、可能性说等多种理论。[1]其中，意志说和利益说是主流的两种学说。比克斯（Bix）指出："在讨论权利的本质时，评论者往往会划分为两派：一派认为权利的本质在于选择，另一派则认为权利的本质在于通过相对方的义务履行实现利益保护。"[2]起源于康德哲学的意志理论强调，权利的本质在于个人意志、支配力以及个人自由；起源于边沁和耶林的利益理论则认为，权利的功能在于促进权利人的利益和权利人的福祉，更关注的是社会目的。[3]"意志理论"和"利益理论"虽然是权

---

[1] 韩旭至：《数据确权的困境及破解之道》，载《东方法学》2020 第 1 期。
[2] Brian H. Bix, *A Dictionary of Legal Theory*, Oxford University Press, 2004, p. 188.
[3] 彭诚信：《现代权利理论研究——基于"意志理论"与"利益理论"的评析》，法律出版社 2017 年版，第 122 页。

利理论的两大主角，但仍无法适用于数据保护问题。

一、意志理论背离数据发展趋势

意志理论与利益理论是传统权利理论的两大代表，是权利功能的体现，探讨的是当权利人掌握了权利之后能够做些什么。而霍菲尔德（Hohfeld）的分析体系则是权利形式的体现。霍菲尔德分析体系由四个基本成分组成：特权（privilege）、要求（claim）、权力（power）、豁免（immunity）。特权，表明其拥有者没有义务做何事。要求，强调的是一位义务承担者的义务"指向"或"归于"权利拥有者。[1]权力，霍菲尔德式的权力就是那种使行动者能够修改哈特所谓"初级规则"的情形："A 拥有一项权力，当且仅当 A 有能力（ability）去改变他自己或另一个人的霍菲尔德式情形。"[2]豁免，是指在霍菲尔德的规则体系中，A 不具有改变 B 的能力，那么此时 B 就享有豁免。霍菲尔德的四个权利成分还可以分为"一阶"权利和"二阶"权利。"一阶"权利是直接针对财产的权利，主要是特权和要求；"二阶"权利是改变"一阶"权利的权利，主要体现在放弃、取消或转移的权力以及豁免。[3]

（一）意志理论的起源和发展

意志理论认为，一项权利使得权利拥有者成为"一个小型主权者"[4]。意志理论强调的是权利人的支配力，代表人物包括康

---

[1] 朱振、刘小平、瞿郑龙等编译：《权利理论》，上海三联书店 2020 年版，第 24-25 页。
[2] 朱振、刘小平、瞿郑龙等编译：《权利理论》，上海三联书店 2020 年版，第 25 页。
[3] 朱振、刘小平、瞿郑龙等编译：《权利理论》，上海三联书店 2020 年版，第 28 页。
[4] H. Hart, *Essays on Bentham: Studies in Jurisprudence and Political Theory*, Oxford: Clarendon Press, 1982, p. 183.

德、萨维尼、哈特、韦尔曼（Wellman）和斯坦纳（Steiner）等。[1]意志理论起源于康德的哲学与政治理论，康德提出的个人意志自由的法律哲学为意志论提供了理论基础。[2]萨维尼是意志理论的开创者，他强调法律关系的本质是"个人意志独立支配的领域"。[3]权利理论是萨维尼法律关系理论的核心，因此他认为权利是法律关系的核心要素。[4]哈特是意志理论的旗帜性代表人物，其提出的选择理论富有洞见性。哈特早期的选择理论将霍菲尔德的四个权利成分都看作权利，并强调权利人的选择；其后期的选择理论则将霍菲尔德权利成分中的请求权与权力结合看作权利，与该权利内涵对应的范畴是义务和责任的结合，并非单纯为义务。[5]韦尔曼的意志理论在霍菲尔德四要素的基础上描述了八要素，即权利、自由、权力、豁免、义务、无权利、责任与无能力。韦尔曼明确指出："权利的核心功能在于授予权利人支配权。"[6]斯坦纳的意志理论以哈特的选择理论为基础，主张"权利所做的就是保护权利人的选择，其实现方式就是通过赋予权利人能否支配另一个人行为的某些要素"，"该理论否认缺少选择能力的人拥有权利"。[7]

---

[1] Leif Wenar, "The Nature of Rights", *Philosophy and Public Affaira*, Vol. 33, 2005, note 20, p. 238-239.
[2] 彭诚信：《现代权利理论研究——基于"意志理论"与"利益理论"的评析》，法律出版社2017年版，第21页。
[3] Friedrich Carl von Savigny, *System of the Modern Roman Law*, Vol. I, trans. by William Holloway, Hyperion Press, 1980, p. 271.
[4] 朱虎：《法律关系与私法体系：以萨维尼为中心的研究》，中国法制出版社2010年版，第81页。
[5] Matthew H. Kramer, "Rights without Trimmings", in Matthew H. Kramer, N. E. Simmonds & Hillel Steiner, *A Debate over Rights: Philosophical Enquiries*, Oxford: Clarendon Press, 1988, p. 65.
[6] Carl Wellman, *Real Rights*, Oxford University Press, 1995, p. 107.
[7] Hillel Steiner, "Directed Duties and Inalienable Rights", *Ethics*, Vol. 123, 2013, p. 231.

(二) 传统意志理论的局限性

传统的意志理论在主体实现个人自治的前提下存在一些局限。意志理论对于一些特定的权利，即不可让与、不可放弃、不可剥夺的权利，例如不得放弃的不可为奴的权利[1]，无法作出充分、合理、有说服力的解释。意志理论强调权利主体的意志和自由选择，所以对权利主体的资格有要求。对于婴儿、无能力的成年人以及动物，传统意志理论不能将权利赋予他（它）们。此外，基于事实行为如先占、拾得遗失物所获得的权利是法定的，并不遵从权利主体的意志和选择，意志理论对此解释力微弱。

在数据时代，对权利人而言，"拥有权利"类似于"拥有一项小范围或小规模的主权"[2]。权利的功能，在于保护权利人在其权利范围内的自由意志或者个人自治，换句话说，权利的功能在于排除各种限制权利人进行自主选择的妨碍因素。[3]意志理论强调权利人的支配力，但是数据不同于传统的物权客体，只要网络用户在线，数据就会源源不断地产生。[4]数据主体虽然产生了数据，但无法完全地控制、支配数据。如新冠疫情期间，流调与追踪过程中收集的个人信息被广泛地散布，公民的私人生活受到严重的侵犯。由于数据是一个复合性权利，数据主体并不是唯一的权利主体，对于数据控制者、数据处理者而言，虽然其对数据有部分的自由意志，但是其意志或选择并不优先于数据主体的意志或选择。如"新浪微博诉脉脉案"中确立的三重授权原则，即"用户授权＋平台

---

[1] N. MacCormick, "Rights in Legislation", in P. Hacker & J. Raz, (eds.), *Law, Morality and Society: Essays in Honour of H. L. A Hart*, Oxford : Oxford University Press, 1977, p. 197.

[2] H. L. A. Hart, *Legal Right: In his Essays Bentham*, Oxford: Oxford University Press, 1982, p. 183 -184.

[3] 陈景辉：《权利的规范力：一个对利益论的批判》，载《中外法学》2019 年第 3 期。

[4] 许可：《数据权属：经济学与法学的双重视角》，载《电子知识产权》2018 年第 11 期。

授权+用户授权",当第三方机构或者企业想要获得平台数据、用户的个人信息时需要获得用户和平台的共同授权。

二、利益理论难以协调数据确权

利益理论从权利的功能角度出发,认为所有权利的功能在于促进权利人的利益。[1]意志理论强调的是"支配力",而利益理论关注的是"利益"。利益,指一个人应然享有的和实然享有的有利于、有益于自己物质、精神的事物。[2]利益追求的多样性不可避免地会导致权利冲突。罗尔斯认为:"一个社会不仅具有利益一致的特征,也会具有利益冲突的特征。需要通过社会正义的原则确定利益和负担如何分配。"[3]权利冲突包括不同性质之间权利的冲突,如自然权利与法定权利的冲突、法定权利与习惯权利的冲突、道德权利与法定权利的冲突以及宗教权利与法定权利的冲突等。权利冲突在促进社会前进的同时也影响了社会的稳定,需要有合理的法治原则解决权利之间的冲突问题。

(一) 利益理论的缘起和发展

利益理论主张,权利构成的核心在于一个可普遍对抗他人或世人之利益的法律(或道德)保护或提升,其手段是通过给他人或者世人施加义务或责任以保护个人利益。[4]意志理论与利益理

---

[1] Leif Wenar, "The Analysis of Rights", in Matthew H. Kramer, Claire Grant, Ben Colbum & Antony Hatzistavrou (eds.), *The Legacy of H. L. A. Hart*, Oxford University Press, 2008, p. 253.

[2] 刘作翔:《权利冲突:案例、理论与解决机制》,社会科学文献出版社2014年版,第217页。

[3] [美] 约翰·罗尔斯:《正义论》,何怀宏、何包钢、廖申白译,中国社会科学出版社1988年版,第2页。

[4] D. N. MacCormick, "Rights in Legislation", in P. M. S. Hacker & Joseph Raz (eds.), *Law, Morality and Society: Essays in Honour of H. L. A. Hart*, Oxford University Press, 1977, p. 192.

论对于权利的本质有不同的理解，意志理论强调的是选择和权力，而利益理论的关键核心在于法律保护的利益。[1]在利益理论领域具有影响力的学者有边沁、耶林、麦考密克、里昂斯（Lyons）、拉兹及克雷默（Kramer）等。

利益理论是由边沁和耶林提出的。边沁区分了三种权利类型：自由权、对应义务的权利以及权力。边沁关于利益的理念与其功利主义思想相关，边沁认为利益的存在通常与事物"趋利避害"的禀性相关。边沁本人并没有将其权利理论总结为利益理论，是哈特将依据从义务履行中获益的人来识别权利人的理论命名为"利益理论"。[2]耶林的利益理论受到了边沁权利理论的影响，他认为权利有实质要素和形式要素，实质要素是用益（利益），是权利的核心，形式要素指法律的保护。耶林的利益理论与其社会目的论息息相关，他认为能实现"确保社会生活条件"作为法律目的的主体，只有社会。[3]麦考密克的利益理论建立在"利益""善""好处""益处"等类似表达的基础上，他认为赋予权利规则有三个特征：一是"善"，二是利益归具体个人享有，三是法律提供规范性保护。[4]大卫·里昂斯提出了"有限制的利益理论"。有限制的利益理论对"受益人"进行了限制，主张权利人仅仅是规范所意图使之受益的受益人。有限制的利益理论将权利人的范围限制在，基于施加他人义务所意图保护的受

---

[1] Brian H. Bix, *A Dictionary of Legal Theory*, Oxford University Press, 2004, p. 126.
[2] H. L. A. Hart, "Legal Rights", in *Essays on Bentham: Studies in Jurisprudence and Political Theory*, Oxford: Clarendon Press, 1982, p. 169.
[3] Rudolf von Jhering, *Law as a Means to an End*, trans. by Isaac Husic etc, The Boston Book Company, 1913, p. 345.
[4] D. N. MacCormick, *Rights in Legislation*, in P. M. S. Hacker & Joseph Raz (eds.), *Law, Morality and Society: Essays in Honour of H. L. A. Hart*, Oxford University Press, 1977, p. 204-205.

益人。[1]拉兹的利益理论认为,一个人具备三个条件才能拥有权利:一是拥有主体资格,二是该利益是终极价值,三是该利益是他人负有义务的充分理由。[2]拉兹的利益理论最大的特色是将利益作为权利的理由和基础,其利益理论具有深远的影响力。克雷默认为,利益理论的目的主要是确定权利人,权利人包括潜在的权利人以及实际的权利人。克雷默的利益理论明确了潜在权利人范围的确立方式。

(二)传统利益理论的缺陷

传统利益理论突破了意志理论的一些局限性,如反抗酷刑、反抗奴役等不可放弃的权利,对权利所有者是有利益和益处的,那么这些不可放弃的权利就是"权利"。再如婴儿、精神病患者等无行为能力人,他们也有需要保护的利益,所以他们应该享有权利。但是,传统利益理论也存在一些缺陷。首先,利益理论对于"第三方受益者合同"无法作出具有说服力的解释。其次,利益理论无法对公务人员的职业行为作出合理解释。最后,利益理论易导致父权主义[3],因为利益理论的最大难题在于由谁来判断以及如何来判断"利益"。

利益理论认为,权利意味着主体的利益得到保障,"权利自身不外是一个在法律上受保护的利益"[4]。于柏华认为,基于权利的利益理论判断具体利益诉求是否构成权利的标准是"利益的相

---

[1] See Matthew H. Kramer, "Rights without Trimmings", in Matthew H. Kramer, N. E. Simmonds & Hillel Steiner, *A Debate over Rights: Philosophical Enquiries*, Oxford: Clarendon Press, 1998, p. 85-88; L. W. Sumner, *The Moral Foundation of Rights*, Oxford: Clarendon Press, 1987, p. 41.

[2] Joseph Raz, *The Morality of Freedom*, Oxford: Clarendon Press, 1986, p. 166.

[3] Markus Englerth, "Responsible Trimmings: The Political Case for the Interest Theory of Rights", *UCL Jurisprudence Review*, Vol. 11, 2004, p. 120.

[4] [德]鲁道夫·冯·耶林:《为权利而斗争》,郑永流译,法律出版社2007年版,第21页。

对重要性",该利益标准经由个案利益衡量而具体化。[1]然而,利益理论虽然是传统社会重要的权利分析理论,但无法解决当下的数据权利保护问题。数据确权的利益需求与数据流通的利益价值是数据法一直以来的难题。数据权利是多元权利,不仅体现着个人人格尊严的利益,也有数据控制者、数据处理者的商业利益,同时也包含着公共利益。如新冠疫情期间收集的个人信息,不仅关乎公民个人的尊严与自由利益,更是关乎社会利益和国家安全的重要信息。如果对确诊和疑似患者的个人信息给予人格权的绝对保护,就会妨碍对数据的使用,妨碍国家对于疫情的精准研判,进而对公共卫生健康乃至国家安全造成不可弥补的伤害。工商业时代的传统权利理论已无法满足数字时代数据保护的要求,利益理论难以协调数据的确权。

第二节 传统数据权利保护的局限

数据属于何种权利、是否存在数据权利、数据权利属于谁,这些问题在理论界和实践中都引发了分歧。我国目前的法律并未对数据的权利属性作出明确规定。在司法实践中,法院常常回避数据权属争议的问题,直接设定数据流通规则,如"新浪微博诉脉脉案"中提出的"用户授权+平台授权+用户授权"三重授权规则。在刑事案件中,法院通常会判处侵犯公民个人信息罪,但并没有对个人信息权作出规定。在民事案件中,法院大多将个人数据归入隐私权或名誉权中进行规制。目前,我国主要从私法上界定数据权益,主要沿着个人信息保护、个人虚拟财产、平台数据保护和大数据交易展开,其核心就是数据的确权

---

[1] 于柏华:《权利认定的利益判准》,载《法学家》2017年第6期。

问题。[1]丁晓东认为,关于个人信息的法律保护,目前多采用个体主义的立场,将个人信息认为是私权的客体,但以私法对公民隐私权益进行保护遇到了困境。[2]

一、数据权利保护的理论供给缺陷

目前,关于数据权益保护的理论主要包括两类:一是数据人身权益保护,二是数据财产权益保护。关于数据人身权益保护,主要有以下几种流行的学说:一般人格权说、隐私权说、独立人格权说等。关于数据财产权益保护,主要包括以下几种理论:集合性"数据池"、信义义务理论、数据财产规则与数据责任规则。然而,数据人身权益保护的理论规定无法对数据权益进行全面的保护,因为数据是复合权益,不仅承载着数据主体的人身权益,还包含着数据处理者、数据控制者的财产权益。数据财产权益保护的理论虽有利于数字经济的发展,但也存在着困境和难题,目前该种理论主要停留在学术研究层面,制度设计并没有落实。因此,数据权益保护存在理论供给的缺陷。目前,对于个人数据能否财产化和商品化的问题,存在着很大争议,各国或者各地区的个人数据保护法主要解决的是个人数据人格权的保护问题。随着智慧社会和数字时代的发展,既有的理论难以为数据权益提供全面保护。

(一)数据人身权益保护理论的片面性

关于数据的权利属性,主要有以下几种流行学说:一般人格权说,德国从一般人格权的角度衍生出信息自决权的概念;法益说,我国《民法典》采取这种学说,认为数据本质并不是一种权利,而是法律需要保护的一种权益;隐私权说,主张将个人信息与隐私权

---

[1] 梅夏英:《在分享和控制之间 数据保护的私法局限和公共秩序构建》,载《中外法学》2019年第4期。

[2] 丁晓东:《个人信息私法保护的困境与出路》,载《法学研究》2018年第6期。

相结合，该学说主要流行于美国；独立人格权说，是目前关于个人数据权属的主流观点，认为个人数据权利区别于肖像权，也不同于其他的人格权；财产权说，即将个人数据归于财产权，这并非当前主流观点。

数据法的研究对象包括隐私、个人信息（数据）及非个人信息（数据）。"数据隐私"又名"信息隐私"，是美国关于数据保护的概念。不同于美国，"数据隐私"在我国主要体现为"个人信息"。当前，我国关于个人信息的保护主要从人格权的角度出发，例如我国《民法典》将个人信息保护规定在人格权编之第六章，就个人信息的定义、处理个人信息的原则、信息处理者的义务进行了相关规定。

但是，从人身权益的角度对个人数据进行保护具有片面性。首先，个人数据具有多重主体，包括数据主体、数据控制者、数据处理者。数据主体指产生数据的自然人；数据控制者指决定数据处理"目的"和"方式"的人或单位；数据处理者指代表数据控制者处理数据的人或单位。其次，个人数据不同主体对数据具有不同的利益。数据主体的利益体现为人格尊严与自由；数据控制者、数据处理者的利益则体现为数据的利用和流通。最后，个人数据的价值是多元的，主要包括人格尊严和自由价值、使用和流通的商业价值、维护秩序的公共管理价值。由此可见，个人数据呈现出复杂的利益关系，一方面是数据主体对于个人人身权益的保护需求，另一方面是数据控制者、数据处理者对数据资产的财产性利用需求，仅从传统人格权角度出发无法为个人数据的多重利益主体提供全面保护。

（二）数据财产权益保护理论运用的局限性

数据不同于传统的"物"，且其利益是多元的，不仅包含着数据主体的隐私和自由利益，也体现着数据控制者、数据处理者的使用和财产利益，还承载着关于国家的公共秩序利益。当前，我国越来越重视数据的财产权益，并体现在相关立法中。例如：《民法典》第 127 条规定："法律对数据、网络虚拟财产的保护有规定的，依照其规定。"《数据安全法》第 7 条规定："国家保护个人、组织与数据有关的权益，鼓励数据依法合理有效利用，保障数据依法有序自由流动，促进以数据为关键要素的数字经济发展。"将数据权益纳入了保护范围。《深圳经济特区数据条例》第 4 条、《上海市数据条例》第 12 条都确认了企业对于数据的"财产权益"。2022 年 12 月，《中共中央、国务院关于构建数据基础制度更好发挥数据要素作用的意见》提出建立数据产权制度，探索数据产权结构性分置，建立数据资源持有权、数据加工使用权、数据产品经营权"三权分置"的数据产权制度框架。但总体来看，我国目前数据财产权益保护仍缺乏数据权益分配和数据访问规则，在司法适用中具体保护规则处于缺位的状态，难以为法官提供全面、明确的指引。

虽然数据财产权益保护理论目前有使用上的局限性，但是对于涉及数据财产权益保护常见的经济学理论的探索具有重要意义。具体来说，涉及数据财产权益保护常见的经济学理论有以下三种：

1. 集合性"数据池"

在大数据时代，单个信息的价值非常有限，大量集合性的数据才能产生真正的价值。集合性数据能够传播得更远，通过对元数据的分析也能获得新的社会价值。[1] 目前，尽管法律并没有明确规定"数据池"的财产权，但在司法实践中，大量案件都确立了数据收集者、使用者、管理者对于集合性数据的排他性使用权，如淘宝诉安徽美景案、新浪微博诉脉脉案、腾讯诉群控软件案等。

---

[1] 胡凌：《论地方立法中公共数据开放的法律性质》，载《地方立法研究》2019 年第 3 期。

2020年6月,在"腾讯诉群控软件案"中,法院将数据区分为单个原始数据与集合性的网络平台数据,并指出对于单个原始数据,应强调用户的控制权与使用许可权;对于集合性的网络平台数据,则应强调对数据资源竞争性权益的保护。

数据使用者、管理者对于集合性"数据池"享有排他性使用权的理论基础主要包括三个方面:第一,基于合同约定。平台企业通过隐私政策等方式获得数据主体的同意,因此获得用户数据的使用权。第二,基于关系理论。关系理论认为,网络用户数据的产生是由于数据主体和网络平台之间的服务关系。数据主体和网络平台对于数据都有获取和使用的权利,企业可以对用户的数据进行收集分析,以更好地改善服务。[1]第三,基于劳动理论。劳动理论又称"出汗理论",是目前司法实践中法院较常使用的理论,即平台企业为了获取数据的价值进行了大量人力、物力、财力的投入,付出了大量的劳动,因此可以获得数据资源竞争性的权益保护,获得"数据池"的使用权。

2. 信义义务理论

信义义务理论即信托理论。不同于集合性"数据池",信托理论不强调数据的排他性使用权,认为"数据池"应为全体互联网用户所有。为了更好地使数据产生集体价值,并最终让用户受益,可以让互联网平台成为"数据池"的信托人,对全体用户的数据负责,形成用户与互联网平台之间的信托关系。[2]信托理论解决了关于数据的部分问题,如互联网平台与数据主体之间的关系,其强调数据主体与互联网平台之间是信托关系,互联网平台作为

---

[1] 戴昕:《数据隐私问题的维度扩展与议题转换:法律经济学视角》,载《交大法学》2019年第1期。

[2] Jack M. Balkin, "Information Fiduciaries and the First Amendment", *UC Davis Law Review*, Vol. 49, 2017, p. 1183.

信托人可以获得一些收益，但最终需要向数据主体负责，需要承担相应的数据保护义务。虽然在信托理论中，互联网平台具有更好的资源和能力，能够更好地对数据进行管理和使用，但目前在我国，信义义务主要存在于公司法领域，是否可以运用到数据法领域有待进一步研究。[1]

3. 数据财产规则与数据责任规则

互联网企业对于集合性数据的权益是使用而不是占有，就"数据池"而言，访问和使用是两大核心权利。数据的财产规则与数据的责任规则并不相同。数据财产规则与"选择进入"相结合。对于互联网企业而言，只有用户勾选隐私政策选择进入其平台时，企业才可以使用用户数据；对于用户而言，即便其不同意隐私政策，即没有勾选，也可以继续使用该互联网企业软件。而事后的数据责任规则与"选择退出"相结合。选择退出，指互联网企业先对用户数据进行挖掘使用，当用户对互联网企业提出不可继续使用其数据，即选择退出后，互联网企业便不得再继续使用用户的数据。

财产规则与责任规则是从两个不同的角度对用户数据使用进行判断的，与选择进入相关联的财产规则难以促进"数据池"的形成，与选择退出相关联的责任规则更有利于促进数据的流动。针对同行业的网络服务提供商，平台企业对于"数据池"倾向于采用"选择进入"的财产规则，因为其能够防止同行业的数据爬虫行为，平台企业希望在平台之间的数据竞争中通过财产规则保护自己对"数据池"的财产权益。针对用户，平台企业更倾向于"选择退出"的责任规则，因为对于用户数据，采取先收集进行分析使用，用户不同意再停止使用的规则，能够促进数据的流动，

---

[1] 李冰强：《公共信托理论批判》，法律出版社2017年版，第15—19页。

增加平台企业的经济效益。

二、数据权利保护的立法不完善

目前，我国数据权利立法并不完善，主要体现在以下三个方面：其一，数据保护的法律法规体系不完整，数据保护散见于法律、行政法规、部门规章、地方性法规、地方政府规章、司法解释、国家标准以及行政规范性文件中，呈现出"碎片化"的特征。其二，相关法律法规立法原则性较强、界限不清晰，存在相互冲突，导致数据权利立法制度的片面性和操作性差。其三，未对"数据"和"信息"的概念进行明确界定，无论是法律法规还是司法实践中，经常对数据和信息进行混用，导致个人数据的内涵和外延不确定。

（一）数据保护法律法规立法的碎片化

面对数据时代的现实需求，我国重视数据安全以及个人信息的保护，并就数据保护的相关问题进行了立法，但相关法律法规呈现出"碎片化"的特征，体系并不完整。

与数据保护相关的法律主要有《个人信息保护法》《数据安全法》《民法典》《电子商务法》《网络安全法》《国家安全法》《消费者权益保护法》《刑法》等。与数据保护相关的行政法规主要有《关键信息基础设施安全保护条例》《国务院关于在线政务服务的若干规定》《个人所得税法实施条例》等。一系列的部门规章对数据保护进行了相关规定，如《网络安全审查办法》《儿童个人信息网络保护规定》等。地方性法规主要有《上海市数据条例》《深圳经济特区数据条例》《贵州省大数据安全保障条例》《天津市促进大数据发展应用条例》等。地方政府规章主要有《浙江省公共数据开放与安全管理暂行办法》《上海市公共数据开放暂行办法》《上海市公共数据和一网通办管理办法》等。司法解释包括《最高人民法院关于审理使用人脸识别技术处理个人信息相关民事案件适用法律若干问题的规定》《最高人民法院 最高人民检察院 公安部 司法部关于办理利用信息网络实施黑恶势力犯罪刑事案件若干问题的意见》《最高人民法院 最高人民检察院关于办理侵犯公民个人信息刑事案件适用法律若干问题的解释》等。国家标准主要有《个人信息安全规范》《个人信息去标识化指南》《信息安全技术 网络安全等级保护实施指南》等。

（二）数据保护法律法规立法的原则性

随着大数据时代的到来，人们生活更加便利的同时，也出现了大量的数据泄露、数据侵权等问题。为应对大数据时代所出现的越来越多的数据问题，我国积极进行研究和探索，并制定、完善相关法律，在立法上对数据权益进行保护。然而，针对数据问题，我国虽然出台、完善了很多法律法规，但是关于数据保护的立法仍过于原则性，主要体现在以下两个方面：

从内容上来讲，现有法律法规多为原则性规定，适用性不强。《个人信息保护法》《数据安全法》是我国保护个人信息和数据安全最主要的法律，但这两部法律均存在规定过于原则化的问题。如《个人信息保护法》在第二章第三节仅用5条对国家机关处理个人信息进行了特别规定。国家机关可以说是最大的个人信息处理平台，而《个人信息保护法》仅对其作出了有限的原则性规定，至于国家机关处理个人信息时应如何保护个人信息的规则有待进一步细化。《数据安全法》的出台填补了我国数据安全立法的空白，但同样原则性规定较多，对企业合规的指引性不强。目前，我国也并没有统一数据分级分类的标准，需要完善相应配套法律法规和细分领域的单行立法。

从效力上来讲，当前具有较高效力的法律法规数量较少且多为原则性规定，如《个人信息保护法》和《数据安全法》。实务中，关于数据保护的具体操作往往依赖于指导性文件和国家标准，而指导性文件和国家标准的效力较弱。

综上，数据保护法律法规立法的原则性使其不能很好地为执法、司法部门提供清楚可靠的具体指引。

(三) 数据、信息立法概念界定不清晰

在数字信息时代，人们越来越重视对数据权利保护的研究，但"数据"和"信息"概念的界定不清晰、混用是长期以来存在的问题。无论是在立法文件、司法裁判文书，还是在学术研究中，都存在着这个问题。目前，"数据"和"信息"两个概念在法律表述上一直是混用的，主要表现为在诸多法律文件和资料中两者经常相互指代。[1]例如：《电子商务法》第 25 条规定："有关主管部门依照法律、行政法规的规定要求电子商务经营者提供有关电子商务数据信息的，电子商务经营者应当提供。有关主管部门应当采取必要措施保护电子商务经营者提供的数据信息的安全，并对其中的个人信息、隐私和商业秘密严格保密，不得泄露、出售或者非法向他人提供。"该法律条文中，"数据信息"作为一个整体概念。《环境保护税法》第 15 条第 2 款规定："生态环境主管部门应当将排污单位的排污许可、污染物排放数据、环境违法和受行政处罚情况等环境保护相关信息，定期交送税务机关。"在该条款中，"数据"属于"信息"，是"信息"的一种。《电子签名法》第 2 条第 2 款规定："本法所称数据电文，是指以电子、光学、磁或者类似手段生成、发送、接收或者储存的信息。"在这个法律条款中，"数据"是"信息"的载体。

在学界，关于是否应该区分"数据"和"信息"的概念，有不同的看法。有学者认为，立法不宜严格区分"数据"与"信

---

[1] 梅夏英：《信息和数据概念区分的法律意义》，载《比较法学研究》2020 年第 6 期。

息",只要能实现法益保护的目的,不必纠结"数据"或"信息"的语词选用。[1]有学者认为,"数据""个人信息""隐私"的交织混用会在理论和实际操作中增加法律适用的不确定性。[2]还有学者认为,"数据""信息"概念的模糊使用会导致权利客体难以确定、权利保护受限、法律论证矛盾等问题,"数据"和"信息"概念对权利设定与裁判结果有决定性影响。[3]

"信息"与"数据"概念的区分很有必要。个人信息强调的是人格权保护,我国《民法典》将个人信息规定在人格权编里,主要解决的是人格权的保护问题。《个人信息保护法》第4条在对个人信息的概念进行界定时,将匿名化处理后的信息排除在外。而个人信息通过匿名化处理后成为数据,数据具有原始性、可机读、可社会化重复利用的特点。数据强调的是财产权保护,如数字税的相关规定,数据权更多的是无形财产权的体现。《数据安全法》第3条也明确地将数据界定为信息的表现形式。只有将数据和个人信息进行区分,才能在保护与隐私相关的个人信息的前提下,促进数据的自由流动,使数据发挥其巨大的价值。不能过分扩张个人信息的范围,应明确数据、个人信息的内涵与外延,列出负面清单或者但书条款,注重数据保护和数据流通之间的平衡,在对个人信息进行保护的同时不妨碍数据的自由流动。

---

[1] 罗培新:《数据立法的基本范畴:数据权属及数据处理的头部、中部及尾部规则》,载微信公众号"中国法律评论",2021年4月29日上传,https://mp.weixin.qq.com/s/vVgPuqtPVg8c_WEXNMNKgQ。

[2] 周汉华:《隐私权和个人信息权交织极大增加法律适用的不确定性》,载微信公众号"隐私护卫队",2021年5月24日上传,https://mp.weixin.qq.com/s/20p9bT-iHuzEUie8GlMTaA。

[3] 韩旭至:《信息权利范畴的模糊性使用及其后果——基于对信息、数据混用的分析》,载《华东政法大学学报》2020年第1期。

三、数据权利保护的监管机制不健全

在数字时代，为了更好地保护数据权利，健全的数据监管机制必不可少。目前，我国的数据权利保护监管机制并不健全，主要体现在两个方面：第一，就国家而言，我国缺少统一、专业的数据保护机关。数据保护机关不仅有利于保护个人数据权益，还能对数据合规进行监督。第二，就企业而言，我国企业缺少承担数据保护合规职责的专业人员。数据保护官对企业实现数据合规至关重要，对内不仅可以提供数据保护相关的信息和建议，还可以进行数据合规的监管，对外可以对数据主体实现数据权利进行协助。

（一）统一数据保护机关的缺失

数据是数字时代具有战略性意义的新资源，各国在立法、司法、执法层面都高度重视对数据权利的保护。美国目前虽然没有制定统一的个人信息保护法，但设有联邦贸易委员会（FTC），联邦贸易委员会通常使用行政和解协议来解决侵犯数据主体合法权益的案件。欧盟的数据保护委员会（EDPB）是欧盟专门的个人信息监管机构，是一个独立的机构，致力于在整个欧盟范围内统一应用个人数据保护规则，并协调欧盟个人数据保护机构之间的合作。[1] 欧盟数据保护委员会作出的高额行政罚款为其树立了全球威信。日本的个人数据保护委员会在行政监管、高效地解决数据纠纷方面也发挥了重要作用。

一方面，随着《数据安全法》《个人信息保护法》的颁布，我国关于数据权利保护的网络安全、数据安全、个人信息保护的基本立法框架已经确定下来；另一方面，大数据的发展带来的关于

---

[1] 吴沈括：《GDPR 职能机构简介：欧洲数据保护委员会（EDPB）》，载微信公众号"数字治理全球洞察"，2018 年 11 月 17 日上传，https://mp.weixin.qq.com/s/d1PVDfGs7jzwheIxqBlTJw。

数据的纠纷也日益增多，因侵害数据权益引发的民事案件、刑事案件、行政案件占据着越来越大的比例。但目前，我国国家层面统一的数据保护机关是缺失的。《个人信息保护法》第 60 条第 1 款规定，由国家网信部门负责统筹协调个人信息保护工作和相关监督管理工作，国务院有关部门在各自职责范围内负责个人信息保护和监督管理工作。这种监管模式由于主管机关主体分散、目标弱化、措施乏力、程序模糊等，仍然无法改变目前我国个人信息保护监管的困境。[1]

（二）企业数据保护官的不足

数字经济的发展催生了超级平台，超级平台的出现打破了传统国家/社会的二分结构，形成了国家/社会/平台的三分结构。平台打破了传统国家与公民之间的公权力/私权利关系，形成了数字时代的国家、平台、公民之间的公权力/私权力/私权利关系。因此，平台监管机制的构建是保护数据权益的重要方面。

《个人信息保护法》《数据安全法》体现出我国从传统管理向现代治理的转变，主张政府强力规制与平台自我规制合作的治理模式。《个人信息保护法》中增加了平台的守门人责任，其第 58 条规定，提供重要互联网平台服务、用户数量巨大、业务类型复杂的个人信息处理者，应当成立主要由外部成员组成的独立机构，监督企业的个人信息活动。同时，《个人信息保护法》第 52 条还规定了个人信息负责人制度，并对企业数据合规的岗位设定进行了规制。《数据安全法》第 27 条第 2 款也规定，重要数据的处理者应当明确数据安全负责人和管理机构。2021 年 7 月，《广州市推行首席数据官制度试点实施方案》发布，提出 2022 年 12 月底前，广州将全面推广首席数据官制度。2022 年 1 月，上海发布了首个

---

[1] 邓辉：《我国个人信息保护行政监管的立法选择》，载《交大法学》2020 年第 2 期。

《企业数据合规指引》，鼓励企业设置专门的数据合规管理部门，而不是由法务部门履行相关的数据合规管理职能。虽然我国目前已关注到企业数据保护官岗位，并鼓励设置，但大部分企业仍存在数据保护官不足的问题。数据保护官对企业的数据合规至关重要，因此需要由对数据保护技术具有丰富工作经验的专业人士担任。为了解决企业数据保护官不足的问题，可以考虑外部聘任和内部委任等多种方式。

第三节　数据权利：数字时代的权利重塑

大数据是数字时代的"石油"，其价值不言而喻。随着数字时代的到来，人类社会逐渐由传统社会走向了信息社会，由单一的物理空间向物理/电子（现实/虚拟）双重空间转换。[1]数据成为新的生产资料，各种新业态、新模式都对数据收集、使用产生了巨大的需求。互联网技术日新月异，立法的滞后性导致法律无法应对技术带来的社会变迁。[2]传统物理空间的法律规范已经无力应对物理/电子双重空间中出现的数据权利保护问题。"历史已经向我们表明重大的技术变迁会导致社会和经济的范式转换"[3]，随着互联网、人工智能、大数据等技术的发展与融合，人们已经进入新的数字时代，这必然引起数字时代人权的重塑和变革。

1948 年 12 月 10 日，联合国大会通过了《世界人权宣言》；2011 年，联合国第六届互联网治理论坛（Internet Governance Fo-

---

[1]　马长山：《智慧社会背景下的"第四代人权"及其保障》，载《中国法学》2019 年第 5 期。
[2]　[美]特蕾莎·M. 佩顿、西奥多·克莱普尔：《大数据时代的隐私》，郑淑红译，上海科学技术出版社 2017 年版，第 7 页。
[3]　[英]乔治·扎卡达基斯：《人类的终极命运：从旧石器时代到人工智能的未来》，陈朝译，中信出版集团 2017 年版，第 296 页。

rum，IGF）强调，接近互联网以及免费使用互联网的机会是一项基本人权；2016 年 7 月，联合国人权理事会第三十二届会议通过《在互联网上促进、保护和享有人权》（Promotion, Protection and Enjoyment of Human Rights on the Internet）的决议，明确互联网相关的权利是人权的重要组成部分[1]；2018 年，联合国社会发展研究机构（UNRISD）在报告中讨论了新技术对于传统三代人权的颠覆，以及如何在全球范围内面对技术驱动的变革来对人权概念和实践进行更新[2]。2020 年，世界人权的主题是恢复得更好——挺身维护人权（Recover Better—Stand up for Human Rights）。2017 年，我国《民法总则》（已失效）第 111 条对个人信息权利的保护作出了相关规定，要求在获取个人信息时应确保个人信息的安全，不得非法收集、使用、处理个人信息。2018 年 12 月，国务院在《改革开放 40 年中国人权事业的发展进步》白皮书中提到通信自由和信息安全的重要性，同时提出，对应该公开的政府信息，要保障公众的查阅权、知情权，建立便捷高效的网络表达平台。[3] 2021 年 8 月，我国通过的《个人信息保护法》对个人信息权益采取了全方位的保护。目前，虽然新兴的"数字人权"尚处于学理研究阶段，但国内外都已经开始充分"重视数字"人权的变革和重塑。

一、"数字人权"理念的兴起和塑造

随着人工智能、大数据等技术的发展，出现了物理/电子的双

---

[1] 郑宁：《网络人权的理论和制度：国际经验及对我国的启示》，载《人权》2016 年第 5 期。

[2] 《从颠覆到转型？将技术与人权联合起来促进可持续发展》，http://www.unrised.org/TechAndHumanRights。

[3] 《国务院新闻办发表〈改革开放 40 年中国人权事业的发展进步〉白皮书》，http://www.xinhuanet.com/politics/2018-12/12/c_1123840973.htm。

重空间，人具有了现实/虚拟的双重属性，人们的行为方式和社会关系都发生了变革。[1]各种新业态、新模式、新平台、新企业应运而生，出现了新的法益，既有的传统法律规范难以调整新的社会问题。传统的法律规则是在工商业时代发展起来的纠纷解决规则，但现在人们进入了信息时代，信息时代有三个变化："双重空间""人机协同""双重属性"。[2]在信息时代，人们的生产生活方式发生了翻天覆地的变化，数据成为新的财富和新的生产要素。大数据在为我们的生活带来便利的同时也带来了新的问题：一是数据信息掌控不对称。"所有的数据都由我们自身产生，但所有权却并不归属于我们。"[3]普通民众每时每刻都在生产数据，却无法控制和利用这些数据，也不知道哪些数据被收集了以及如何处理这些被收集的数据。[4]而与此同时，一些大型互联网公司正在滥用收集的数据，对消费者进行评级。由于评级的算法多涉密且很难被消费者所知悉，这种评级的行为可能涉及消费者歧视问题。[5]二是由于技术或者经济等相关方面的缺乏，如没有互联网设备、缺少互联网知识等，会产生数字鸿沟，数字鸿沟会对一些社会群体进行赋权，而对另一些社会群体则没有。[6]无论是数据泄露、数据黑产，还是数字鸿沟，都对信息主体的自主性及自由平等造成了侵害。

---

[1] 马长山：《智能互联网时代的法律变革》，载《法学研究》2018年第4期。
[2] 马长山：《智道｜这场法律变革中，一个群体正在书写未来》，载微信公众号"法治周末报"，2020年7月2日上传，https：//mp.weixin.qq.com/s/uBH-fkzfvXUyW5aQLFvemhQ。
[3] 王天一：《人工智能革命：历史、当下与未来》，北京时代华文书局2017年版，第184页。
[4] 马长山：《数字时代的人权保护境遇及其应对》，载《求是学刊》2020年第4期。
[5] Amy J. Schmitz, "Secret Consumer Scores and Segmentations: Separating 'Haves' from 'Have-Nots'", *Michigan Stade Law Review*, 2014, p. 1411.
[6] 郑永年：《技术赋权：中国的互联网、国家与社会》，邱道隆译，东方出版社2014年版，第114页。

(一) 传统人权理论的挑战

信息革命使人类从工商业社会步入了数字社会,工商业时代的"人、财、物"都发生了改变,开始迈向基于数据、算法、网络和平台业态的数字社会。传统的人权理论是建立在工商业时代基础上的,如今已经无法保护数字时代人们遭遇的线上线下双重空间的人权挑战。"人的尊严"保护面临着时代困境,全方位的监控侵犯着公民的隐私权利,数字社会的经济结构和发展现状挑战着传统人权的理论基础。

其一,大数据挑战"人的尊严"。"人的尊严是由于人作为人类共同体成员所拥有的高贵与尊荣",法律规定人的尊严是对人平等身份的确认。[1]人格尊严在人权系统中具有重要的作用,尊重和保护人格尊严是整个人权系统中的规范基础。[2]在大数据时代,人格尊严主要体现为个人的"信息自决权"被他人、社会以及法律所尊重。随着大数据、算法、人工智能等技术的进步和发展,"人的尊严"面临着新的挑战。如人脸识别技术在给人们的生产生活带来便利的同时也对人格尊严的保护造成了威胁,人脸识别技术中的算法霸权、算法黑箱对有色人种、女性、移民等群体的误差识别,导致这些群体遭受歧视、偏见,严重侵犯了公民的人格尊严。

其二,数字经济冲击传统人权。学理上关于什么是"人权",观点不一。有人认为,人权是指在一定社会条件下,受到法律认可的,公民享有的政治、经济、社会文化等方面的权利。[3]也有人认为,人权是人之所以为人所普遍享有的受尊重、平等、自由

---

[1] 胡玉鸿:《人的尊严的法律属性辨析》,载《中国社会科学》2016年第5期。
[2] 杨学科:《数字宪治主义研究》,吉林大学2020年博士学位论文。
[3] 吕泗洲、王心付:《近年来国内学术界关于人权问题研究综述》,载《中州大学学报(综合版)》1995年第2期。

等权利。[1]马克思主义认为，对人权进行界定要以一定的社会经济条件为基础，各个时代的人权状况与当时的经济条件和社会发展情况息息相关，即"权利决不能超出社会的经济结构以及由经济结构制约的社会的文化发展"[2]。随着人工智能、大数据、算法等技术的发展，数字经济相比于传统经济发生了质的变化，主要体现在以下两个方面：第一，传统的生产要素在数字社会的生产生活中拥有了数字化的特征。第二，信息技术的发展促生了全新的第五大生产要素——数据。[3]数据成为除土地、资本、劳动力及技术四种传统生产要素之外的第五大基本市场要素，也是数字时代全新的生产要素。传统人权理念建立在传统人、财、物及行为的基础上，工商业时代的经济是前三代人权内容的前提和基础，而数字经济的发展以及全新的数据生产要素冲击着传统人权的基础。

其三，"信息人"影响传统人权主体。人权，指人作为人所普遍享有的权利。人权以人或者人性作为其来源。[4]一个人因为是人，所以拥有人权，"人"是人权产生、实现、发展的前提和基础。进入智慧社会，人的生产生活方式发生了颠覆性的改变。网络可以记录一个人从出生到死亡的全部数据，依据这些数据可以进行一个完整"人"的数据画像。[5]信息时代，人的衣食住行都无法脱离信息、数据而存在，无论是购物时使用的淘宝、搜寻美食时使用的大众点评，还是出行时使用的高德地图，都成为人们

---

[1] 张文显：《权利与人权》，法律出版社2011年版，第141页。
[2] 《马克思恩格斯选集》（第3卷），人民出版社1995年版，第305页。
[3] 马长山：《一个迫切而重要的时代课题——确认和保护"数字人权"》，载《北京日报》2020年1月6日，第14版。
[4] [美]杰克·唐纳利：《普遍人权的理论与实践》，王浦劬等译，中国社会科学出版社2001年版，第12页。
[5] [英]约翰·帕克：《全民监控：大数据时代的安全与隐私困境》，关立深译，金城出版社2015年版，第14页。

日常生活不可或缺的软件。现代人穿梭于现实与虚拟的双重空间，成了"信息人"。传统人权主体是建立在工商业时代基础上的具有生物属性、生活在单一物理空间的"自然人"[1]，而信息时代的"信息人"改变了传统人权的"物理人"。

（二）三代人权的代际划分

卡雷尔·瓦萨克（Karel Vasak）提出的"三代人权"理论被大众所知悉并接受："第一代人权"主张公民权利和政治权利，"第二代人权"强调经济、社会和文化权利，"第三代人权"主张的是民族自决权和生存发展权。自主性、福利和自由构成了最高层次人权的一个三元组合。[2]西方学者根据人权的历史发展状况，将人权分为第一代人权、第二人权和第三代人权。虽然三代人权形成于不同的历史背景中，但三代人权的理念都建立在传统工商业时代基础上，涉及的是物理时空的生产生活关系。

第一代人权，公民权利和政治权利。第一代人权诞生于18世纪欧洲资产阶级革命时期，主张自由和个人免于遭受政府、国家无端侵害的公民权利和政治权利。法国大革命时期颁布的纲领性文件《人权和公民权宣言》提出，自由、财产、安全和反抗压迫是上天赋予的不可剥夺的人权，并指出最可能侵害人权的是公共权力的惩罚。[3]具有"革命"意义的《世界人权宣言》也对第一代人权进行了规定，主要体现在第4条至第12条，包括：禁止奴役和奴隶贩卖；免遭酷刑和不人道待遇及侮辱人格的惩罚；确保人的主体性地位；宣告在法律面前人人平等；享有恢复受侵害人权的权利；禁止非法的逮捕、拘禁或放逐；刑事被告享有独立审

---

[1] 马长山：《智慧社会背景下的"第四代人权"及其保障》，载《中国法学》2019年第5期。

[2] [英]詹姆斯·格里芬：《论人权》，徐向东、刘明译，译林出版社2015年版，第179页。

[3] 张永和主编：《人权之门》，广西师范大学出版社2015年版，第55—56页。

理、无罪推定和辩护的权利；禁止任意干涉私人生活、非法侵入住宅及非法侵害公民荣誉。《公民和政治权利国际公约》对政府保护人权的消极义务作出了规定，第 25 条规定公民享有参政、担任公职、选举与被选举的政治权利。

第二代人权，经济、社会和文化权利。第二代人权形成于 19 世纪末 20 世纪初反抗剥削和压迫的俄国十月社会主义革命时期，主张"积极的"权利。由联合国发布的、具有人权里程碑意义的《世界人权宣言》第 22 条至第 27 条，对第二代人权即经济、社会和文化权利进行了规定，主要包括劳动权、休息权、社会保障权、受教育权以及参加社会文化的权利。《经济、社会及文化权利国际公约》在第 6 条至第 15 条对保护人权的积极义务作出了规定，如：保障通过自由选择的工作用以谋生的工作权；保护劳动者的社会保障权；保障公民享有的婚姻、家庭权；保障免于遭受饥饿的食物权；保障适足住房权；保护体质和心理健康的健康权；确保人人享有受教育的权利；保障参加文化生活的文化权。第一代人权向第二代人权的代际革新，使人权从保障政治权利的消极义务转向了保障经济、社会、文化权利的积极义务，这是人权发展史上的一大进步。

第三代人权，民族自决权、生存发展权。第三代人权产生于二战后民族革命时期，主张反对国家霸权，建立国际新秩序。由于第三代人权产生于第三世界兴起且全球化加快进程中，所以第三代人权得到了第三世界国家的大力支持，主要体现为集体人权、民族自决权、和平权、生存发展权、环境权等权利。《世界人权宣言》第 28 条规定，每个人都有权利要求自由的社会秩序和国际秩序，这是集体人权的体现。《经济、社会及文化权利国际公约》第 1 条中指出，所有人都有自决权，自决权包括政治自决、经济自决和文化自决等。自决权是新独立国家摆脱殖民统治的胜利结果，其主体不仅包括个人还包括民族。自决权是集体人权,是人权发展的最新阶段。[1]《维也纳宣言和行动纲领》确立了发展权是基本人权的一个组成部分。发展权是集体权利也是个人权利,但个人是发展权的主要主体。[2]第一代人权主要是个人权利,第二代人权有合作权的面向,第三代人权增设了集体人权的概念。[3]

(三)"第四代人权"的形成

在当代中国,权利已经成为人们日常生活的基本观念与思维习惯。新型的、性质各异的各种权益作为"新兴"权利不断地在人们的生活中得到主张,甚至获得法律化的制度表达。[4]但当权利的范畴迅速扩展时,权利碰撞就会成倍增加,核心的民主价值也会变得平凡化。[5]并不是任何一个新的需要保护的权益都会成为"新兴"权利,因为这样容易导致权利的泛化。"新兴"人权产生的动因主要在于,科学技术的发展带来了社会变革,从而导致了社会关系的重大变化,使得社会主体产生多元利益的诉求。目前,由于科学技术发展引发了信息革命,国内一些学者对"第四代人权"进行了积极的讨论。如:有人提出,信息革命引发了智慧社会对传统工商业社会的替代,由此产生了"第四代人权"。[6]有人认为,"数字人权"是引领新一代人权的战略需要[7],"数字人权"是第四代人权中最显赫、最重要的新兴权利[8]。

---

[1] 张永和主编:《人权之门》,广西师范大学出版社2015年版,第85页。
[2] 杨学科:《数字宪治主义研究》,吉林大学2020年博士学位论文。
[3] 刘志强:《论"数字人权"不构成第四代人权》,载《法学研究》2021年第1期。
[4] 姚建宗等:《新兴权利研究》,中国人民大学出版社2011年版,第4页。
[5] [美]玛丽·安·格伦顿:《权利话语——穷途末路的政治言辞》,周威译,北京大学出版社2006年版,第3页。
[6] 马长山:《智慧社会背景下的"第四代人权"及其保障》,载《中国法学》2019年第5期。
[7] 张文显:《新时代的人权法理》,载《人权》2019年第3期。
[8] 张文显:《无数字 不人权》,载《北京日报》2019年9月2日,第15版。

首先，信息革命催生了"第四代人权"。人类社会经历了三次大革命：第一次是农业革命。在农业革命时期，人类学会了种植和养殖，摆脱了对自然界的依赖，人具备了自主性。第二次是工业革命。在工业革命时期，人类完成了从工场手工业到机器大工业的过渡，人类从繁重的体力劳动中解放出来。第三次是目前正在经历的信息革命。在信息革命时期，网络化、信息化、技术化高速发展，人工智能取代的不仅仅是体力劳动，逐渐也会取代人的脑力劳动。未来，人工智能不仅能替代人类作出初级的决策，还能对人类的生产生活资源进行安排。信息革命改变了传统的生产生活关系，引发了重大社会变革。前三代人权理论建立在传统物理时空的法治基础上，而信息革命带来了物理/电子双重空间，传统人权理论无法应对双重空间产生的生产生活关系变革。在信息时代，数据成为新的生产要素，出现了新型的在线交易、算法决策、智能运行等生产生活方式，带来了算法歧视、数字鸿沟、隐私侵犯等人权挑战，传统的三代人权理论已无法保障信息时代的人权，"第四代人权"应运而生。

其次，"社会正义"新样态突破了传统人权理论。正义是人权的逻辑基础。社会承认某人享有一项权利，意味着承认他获得某种作为或不作为，这是一种正当利益的体现。[1]亚里士多德将正义分为两种：一种是分配的正义，强调的是不平均；另一种是纠正的正义，关注的是利益纠纷的调解。在数字社会，互联网的运用和普及给人们的生活带来了便捷，微信、微博等自媒体平台的出现使得人人都有了麦克风。互联网看似抹平了信息的鸿沟，但掌握网络话语权和流量的个人或机构，又重构了新形态的信息不平等。[2]数字鸿沟、信息掌控不对称、数据孤岛使得数字时代

---

[1] 夏勇：《人权概念起源》，中国政法大学出版社1996年版，第27页。
[2] 扣小米：《数字原来会说谎》，化学工业出版社2018年版，第199页。

的正义面临着挑战。随着大数据、区块链、人工智能的发展，技术看似使正义更好地在社会得到了实现，实则造成了新的社会不平等和不公平，传统的人权理论无法应对"社会正义"的新样态。

再次，国家/社会/企业三元结构威胁传统人权保护逻辑。传统的三代人权保护都围绕着物理空间，在国家/社会的二元结构中，政府承担着从"消极权利"到"积极权利"的保护职能。随着数字时代的到来，数据成为新的生产要素，算力成为新的生产力，平台成为新的业态。大数据带来了万物互联，数据成为财富。由于互联网技术的发展，阿里巴巴、腾讯、百度、谷歌、微软等公司成为互联网巨头，数据领域出现了极强的企业垄断。例如，腾讯和头条关于登录数据的纠纷、腾讯诉群控软件的数据权益之争、超级星饭团数据抓取案、蚂蚁金服诉企查查案等，都围绕数据权益展开了激烈的争夺。拥有大量数据的互联网平台企业的出现打破了传统的国家/社会二元结构，形成了国家/社会/企业三元结构。平台企业利用技术进行数据挖掘、分析，对人们的生产生活进行全方位的渗透，在这个过程中其通过制定规则、处理纠纷拥有了"权力"，如支付宝通过芝麻信用对用户进行等级评分、淘宝的大众评审团、淘宝的规则众议院等，都在行使着影响用户财产权益的"权力"，传统的公权力/私权利二元结构被数字时代的公权力/私权力/私权利三元结构所打破。三元结构、双重"权力"的出现威胁着传统人权的保护逻辑，需要新的"数字人权"对人的权利进行保护。

最后，"第四代人权"的特性。何为第四代人权？有学者提出："数字人权是以数据和信息为载体，展现着智慧社会中人的数字化生存样态和发展需求的基本权利，其目标在于反技术霸权、反数据信息控制，努力消解和应对信息鸿沟、侵犯隐私、算法歧视、监控扩张等人权难题。"[1] "数字人权"的意义在于，以人权的力量和权威强化对数字科技开发及其运用的伦理约束和法律规制。[2] 人权代际的更迭之间存在着传承和发展的关系。第一代人权观相对比较简单，追求的是自由、平等的权利，是一种政治权利；第二代人权观的重心则从政治权利转向实质的经济、社会、文化权利，是普遍权利的体现；第三代人权观从集体人权的角度出发，突出生存发展权，是一种反抗权利。而第四代人权将在双重空间、三元结构的社会关系中最大限度地保护人的尊严，实现人的价值。虽然"数字人权"理念目前只是处于学界讨论阶段，并没有相关的法律法规或制度予以确立，但伴随着数字科技的发展，社会已经进入智能时代，"数字人权"是更加适合数字时代的人权观念。"无数字，不人权。"[3] 数字时代带来的社会全方位的变革，使得"数字人权"的探讨和研究急迫且重要。

二、构建数字时代的数据权利体系

数字时代，人们的生产生活方式逐渐智能化、数字化，数据、算法、算力成为新兴的生产要素和发展动力。数字化不仅为社会披上了一件"时髦的外衣"，更是影响了个人的行为方式以及社会结构，引发了人类社会颠覆性的改变。在数字时代，对数据权利进行保护已经成为共识，如欧盟的《通用数据保护条例》、美国的《加州消费者隐私法案》和《加州隐私权法案》、日本的《个人信息保护法》、澳大利亚的《消费者数据权利法案》等，许多国家和地区已经将数据权利保护制度化。我国《民法典》《网络安全法》

---

[1] 马长山：《智慧社会背景下的"第四代人权"及其保障》，载《中国法学》2019年第5期。

[2] 张文显：《新时代的人权法理》，载《人权》2019年第3期。

[3] 张文显：《无数字，不人权》，载微信公众号"法学学术前沿"，2019年5月26日上传，https://mp.weixin.qq.com/s/KqLFEhMVJfLAUWv81vqL7w。

《数据安全法》《个人信息保护法》也对数据权利保护进行了相关规定。

（一）域外数据权利保护制度

目前，主要的经济体都对数据权利保护进行了相关立法。如：欧盟的《通用数据保护条例》是一部以"数据基本权利"奠基的数据法典，对数据权利进行了体系化的规定。美国的《加州消费者隐私法案》是一部具有世界影响力的数据权利保护法律，2020年11月3日《加州隐私权法案》通过，对《加州消费者隐私法案》进行了修正和扩展。

欧盟《通用数据保护条例》第三章专章对数据主体的权利进行了规定，在以数据主体"告知-同意"为基础的框架中，保留且细化了已有的查询权、更正权、删除权、拒绝权及自动化决策权，同时，新增了被遗忘权、限制处理权和数据可携权等数据权利。数据可携权是GDPR规定的全新权利，但数据可携权的适用范围有限，仅适用于个人提供的数据。GDPR第12—15条对数据主体的知情权进行了系统规定；第16—20条规定了更正权和删除权的权利体系；第21条和第22条对数据主体的反对权和自动化决策权等相关权利进行了详细规定，自动化决策权是GDPR中重要的数据权利，如果数据控制者使用算法对数据主体的生活造成了直接的影响，这样的算法决策将会严重侵犯数据主体的权利；第23条则对数据主体权利的限制进行了规定，即虽然GDPR适用于欧盟的每个成员国，但成员国可以依据本国的文化、制度和历史进行限制。欧盟对于数据的管理强调公法治理和私法自治的双重治理体系，不仅企业要进行自我规制，设立专门的数据保护官，而且政府要有强制性法律规范进行规制。可见，欧盟重视建立数据权利体系。

美国加利福尼亚州一直对公民的个人隐私保护非常重视，加利福尼亚州的宪法将隐私权视为公民神圣不可侵犯的基本权利。[1]《加州消费者隐私法案》被称为全美最严、最全面的个人数据隐私保护法案。由于加利福尼亚州汇集着全美的高科技企业，因此其保护消费者数据的法案在全美乃至世界都有很大的影响力。不同于欧盟GDPR的"告知－同意"原则，CCPA采用的是"通知"原则，即"通知"是收集个人信息的合法性基础。CCPA在以"通知"为基础的框架中规定了消费者对个人数据享有的一系列权利，如：要求披露的权利，即消费者有权要求企业对收集的数据进行披露；自愿选择退出数据处理进程的权利，包括选择退出权和选择退出链接权；数据删除权，即消费者有权要求企业删除收集的其个人数据；禁止歧视权，即企业不得拒绝向不售出个人数据的消费者提供商品或服务[2]；民事诉讼权，即当消费者的个人信息遭到泄露、盗窃或披露时，消费者有权提起民事诉讼请求赔偿[3]。2020年11月3日，《加州隐私权法案》通过，该法案是综合性的数据保护法，是CCPA的2.0版本。

（二）我国的数据权利体系

我国的数据权利保护研究相比于欧美还处于起步阶段。随着数字时代的到来，数据成为新的资源，具有巨大的财产价值。当前，党和国家对数据权利保护高度重视。2017年12月8日，习近平总书记在中共中央政治局就实施国家大数据战略进行第二次集体学习时，提出了"制定数据资源确权、开放、流通、交易相关制

---

[1] 托马斯·霍伦、斯蒂芬·皮内利：《新加利福尼亚数据保护法概述——以欧盟通用数据保护法为蓝本》，唐丹蕾译，《知识产权研究》2020年第26卷，第94页。
[2] 王如君：《〈2018加州消费者隐私法案〉引关注》，载《人民日报》2018年7月19日，第22版。
[3] 何波：《〈2018加州消费者隐私权法〉简介与评析》，载《中国电信业》2018年第7期。

度，完善数据产权保护制度"[1]的要求。近些年，我国关于数据的立法进程在加快。我国对于数据权利保护的立法分散在多部法律中，如《刑法》《消费者权益保护法》《网络安全法》《电子商务法》《民法典》《数据安全法》《个人信息保护法》等。

我国《民法典》《网络安全法》均规定，数据主体的知情同意是数据收集的合法性基础。《网络安全法》第41条规定，网络运营者收集、使用个人信息需要遵循合法、正当、必要的原则，公开收集、使用规则，对于收集、使用信息的范围、目的、方式需要明示，并且获得信息主体的同意。这是信息主体知情同意权的体现。《民法典》《网络安全法》还规定了数据主体享有删除权，但删除权不同于"被遗忘权"。《网络安全法》第43条规定，当个人发现网络运营者违反法律、行政法规的规定或者双方的约定收集、使用其个人信息时，有权要求网络运营者删除其个人信息。目前，我国没有规定数据主体享有"被遗忘权"和"数据可携权"。在我国"被遗忘权"第一案"任甲玉诉百度公司名誉权"纠纷中，法院明确指出，我国没有"被遗忘权"的权利类型，个人信息保护需要具备"利益正当性"和"保护必要性"。关于数据财产权，我国《民法典》《网络安全法》并没有相关规定，但这并不表明我国不保护关于数据的财产性利益。

2021年，我国出台了《个人信息保护法》，该法第44—50条对个人信息保护的数据权利体系进行了规定。第44条规定，个人对其个人信息的处理享有知情权、决定权，有权限制或者拒绝他人对其个人信息进行处理。这体现的是个人对信息的自主权及知情权。第45条规定，个人有查询、复制以及携带个人信息的权利。第46条对个人在发现其个人信息不准确或不完整的情况下，请求

---

[1]《审时度势精心谋划超前布局力争主动实施国家大数据战略加快建设数字中国》，载《人民日报》2017年12月10日，第1版。

个人信息处理者更正和补充的权利予以了确认。第 47 条对信息主体行使删除权的条件进行了详细规定和列举。第 48 条规定，个人有权要求个人信息处理者对其个人信息处理规则进行解释说明。第 49 条对死者的个人信息保护进行了规定。第 50 条规定，个人信息处理者应当建立便捷的个人行使权利的申请受理和处理机制；同时规定，个人信息处理者拒绝个人行使相关权利的请求时，应当说明理由。为保护个人信息权益、促进个人信息合理利用而制定的《个人信息保护法》，对于数据权利体系的规定是其一大亮点和进步，但也存在一些需要修改之处。如：数字时代的数据权利体系是否可以增加数据信息公平利用权、数据信息表达权及数据信息财产权？此外，对于已经规定的查阅权、复制权、更正权及删除权等，应该通过立法技术进行细化，加强其可操作性。

第五章
构建新型的数据权利保护模式与机制

在大数据时代，保护数据权利（权益）已经成为共识。当今世界正在经历的信息革命，引发了包括价值观念、生产方式、生活方式、社会关系、社会秩序等在内的全方位变革。[1]工商业时代的传统法律制度已经无法应对新型的数据权利保护需求：传统的侵权法无力保护数据的隐私权益，人格权的保护进路难以回应数据的财产权益，物权保护路径面临着数据权利保护不足的困境，传统的知识产权法无法为企业数据权利提供全面保护。随着万物互联时代的到来，数据成为一种财富，成为驱动商业的一种重要因素。淘宝、百度、新浪、字节跳动、谷歌、Facebook 等国内外互联网巨头公司对数据权益的竞争日益激烈，所涉及的关于数据的纠纷也已经从原始数据逐渐蔓延至衍生数据。数据具有巨大的商业价值，各个国家和地区都充分重视数据的价值，并采取了不同的数据权利保护模式与路径：启蒙理念下的欧盟采取了以"统一立法"为主导、以"基本权利"为基础和以"长臂理论"为重点的数据保护模式；自由理念下的美国采取了以"分行业"为主的分散立法模式、以"自由式市场"为核心的治理模式和以"改正期制度"为创新的规制模式；平衡理念下的日本数据保护模式在不突破现有法律体系的前提下，以"自由流通"为原则，并以"契约指导"为重心；目前，探索中的中国采取了以"安全防范"

---

[1] 马长山：《智能互联网时代的法律变革》，载《法学研究》2018 年第 4 期。

为重心的治理模式，以"信息保护"为主导的立法模式，并兼顾"数字经济"的发展。面对数据权利保护的困境和挑战，我国需要构建新型的数据权利保护模式与机制。

第一节 确立新型的数据保护理念

无论法律制定得多么周详，其毕竟只是一套行诸文字并由概念和规则复合而成的逻辑系统，繁杂的社会事实不可能与之完全吻合。[1]在司法过程中，当规则和事实无法契合的时候，法官必须借助某种技术（包括类比推理、"空隙立法"、裁剪事实、法律发现、重新界定概念术语乃至"造法"[2]）来使纠纷得到合理的解决。信息时代，无处不在的数据、无处不在的数字化正在迅速改变我们的生活、社会关系，以及我们对人性的理解。[3]传统的法律思维方式面对新型的数据权利保护问题时，遭遇了难以有效涵盖和解释新变革的障碍。在数字时代，数据成为全新的生产要素，传统的生产要素也在进行数字化的变革，数据保护的法律思维方式也需要从工商业时代的机械思维方式向数据思维方式进行改变，确立新型的数据保护理念。

一、确立相关关系取代因果关系理念

人们在物理空间是通过因果关系了解世界的。我们在理解和解释世界的各种现象时通常会使用两种基本方法：一种是快速、

---

[1] 桑本谦：《理论法学的迷雾：以轰动案例为素材》（增订版），法律出版社 2015 年版，第 59 页。
[2] 苏力：《解释的难题：对几种法律文本解释方法的追问》，载《中国社会科学》1997 年第 4 期。
[3] Effy Vayena & John Tasioulas,"The Dynamics of Big Data and Human Rights: The Case of Science of Research", *Philosophical Transactions Royal Society* A, 2016, p. 2.

虚幻的因果关系，这是快速的思维方式；另一种是缓慢、有条不紊的因果关系，这是慢性的思维方式。[1]然而，无论是快速的因果关系思维方式，还是慢性的因果关系思维方式，均不再适用于数字时代的数据问题。如亚马逊、淘宝等互联网公司平台通过收集、挖掘、利用、分析客户的信息数据，对用户进行数据画像，然后再向用户进行定向推送，这其中利用的是相关关系，而不是因果关系。相关关系的核心是量化两个数据值之间的数理关系。相关关系强，指的是当一个数据值增加时，其他数据值很有可能也会随之增加；相关关系弱，指的是当一个数据值增加时，其他数据值几乎不会发生变化。[2]相关关系的分析是运用大数据的核心和基础，使用相关关系分析大数据会更迅速、更精准。相关关系关注的是"是什么"，而不是"为什么"，其为预测未来提供了全新的视角。

无论是法律解释、法律推理还是法律思维，因果关系都占据着十分重要的位置。因果关系是建立在思辨的逻辑推理基础上的思维方式。[3]但是，大数据时代出现了三个转变：人们可以分析更多的数据而不再依赖于随机采样；研究数据如此之多，以至人们不再热衷于追求精确度；因前两个转变，人们不再热衷于寻找因果关系。[4]也就是说，在大数据时代，知道"是什么"比知道"为什么"更加重要。随着数字时代的到来，数据成为重要的资源和财富，各大平台企业因为使用不正当手段抓取或使用他人数据

---

[1] [英]维克托·迈尔-舍恩伯格、肯尼思·库克耶：《大数据时代》，盛杨燕、周涛译，浙江人民出版社2013年版，第84—85页。
[2] [英]维克托·迈尔-舍恩伯格、肯尼思·库克耶：《大数据时代》，盛杨燕、周涛译，浙江人民出版社2013年版，第71页。
[3] 马长山：《面向智慧社会的法学转型》，载《中国大学教学》，2018年第9期。
[4] [英]维克托·迈尔-舍恩伯格、肯尼思·库克耶：《大数据时代》，盛杨燕、周涛译，浙江人民出版社2013年版，第17—18页。

引发的数据不正当竞争纠纷案件越来越常见。面对数字市场竞争失序，数据主体、数据控制者、数据处理者权属边界不清晰，以及数据资源控制与使用之间的矛盾等问题，应该更多地从相关关系角度进行思考。因为在大数据时代，大数据的核心是建立在相关关系分析基础上的对未来的预测，而不是建立在传统因果关系上的逻辑推理。

二、强化数据权益平衡理念

数据不仅是存在于物理空间的权利客体，也是存在于赛博空间的载体。首先，数据受制于架构的设计，不具备独立性；其次，数据是非竞争性物品，对于数据而言，获得使用权等同于某种意义上的所有权；最后，数据具有高速流动的特点，传统静态的法律保护模式并不适合实现数据的流通价值。基于数据的新特性，需要转换传统的法律理念。数据存在于现实和虚拟双重空间，有关数据的法律保护理念也需要从单向静态向双向动态转变。大数据时代，数据具有共享性、开放性的基本特征，还承载着一定的社会公共利益，其从私有性基础转向了公共性基础。

（一）利用利益衡量方法进行权益平衡

数据是一个复合性权利，数据主体、数据控制者、数据处理者对数据有不同的权益；同时，数据不同于传统的"物"，关注的是使用权而不是所有权，且数据的使用不具有排他性。相同的数据可以同时被不同的权利主体运用于不同的领域，且相互之间并不影响，也不会影响数据原有的价值。因此，为了更好地促进数据的流通使用，需要利用利益衡量的方法进行权益平衡。

当下，关于利益衡量方法主要有两种：一是由赫克（Heck）

创立的利益法学所倡导的作为方法的利益衡量；二是日本民法学界所创立的作为法学方法论的利益衡量论。[1]数据承载着多元利益，当多元利益之间发生冲突时，法官需要对各方的利益主张和利益冲突进行具体分析，通过实质判断进行权衡和取舍，进而确定需要保护的利益。"为了做出一个正义的判决，法官必须确定立法者通过某条特定的法律规则所旨在保护的利益"。[2]利益衡量是一种常见的法律方法，主要有以下四个特征：一是强调在个案裁判中进行价值判断；二是以结果为取向；三是具有明显的妥协性；四是追求裁判合法、合理、合情。[3]有学者构建了利益的四个层次结构，即当事人的具体利益、群体利益、制度利益和社会公共利益，主张区分不同的利益类型，从而增加衡量结果的妥当性和科学性。[4]个人数据包含着数据主体利益、数据使用者利益以及公共利益，对于数据的利益衡量应主要考虑两个方面：其一，数据主体的知情同意，这是首要衡量原则；其二，数据控制者、数据处理者合理使用数据的重要权益。

（二）运用比例原则进行数据权益保护

数据是数字时代的新资源，数据的权利保护与数据的交易流通是数字时代的核心议题。由于数据不同于传统的"物"，具有巨大的经济价值，因此需要运用比例原则进行数据权益保护。比例原则来源于德国的警察法，在欧洲人权法院的影响下，逐渐在多个国家得到运用。比例原则的作用是规制政府公权力干预，保护

---

[1] 张利春：《关于利益衡量的两种知识——兼行比较德国、日本的民法解释学》，载《法制与社会发展》2006年第5期。

[2] [美] E. 博登海默：《法理学：法律哲学与法律方法》，邓正来译，中国政法大学出版社1999年版，第144页。

[3] 陈金钊主编：《法律方法论》，北京大学出版社2013年版，第181—182页。

[4] 梁上上：《利益的层次结构与利益衡量的展开——兼评加藤一郎的利益衡量论》，载《法学研究》2002年第1期。

公民私权利免遭不法侵害。比例原则由三个子原则组成：适当性原则、必要性原则和狭义比例原则。[1]适当性原则要求，为了达成目的所选择使用的手段是适当的；必要性原则要求，为了达成目的所进行的干涉是最小且有必要的；狭义比例原则强调，要对法益作价值权衡的判断。例如，在新冠疫情的流调与追踪过程中，国家在行使权力时，应将社会利益与公民个人利益进行平衡，确保适当、必要且合比例。

比例原则又称为"必要性原则""平衡原则""最小侵害原则"，被奉为公法上的"帝王条款"。比例原则在行政法上的含义是，当行政机关在行使权力时，首先应该对公益和私益进行全面的衡量，在此基础上选择对相对人损害最小的方式，且不能超过必要的限度。在刚过去的新冠疫情防控收集信息的过程中，比例原则的运用主要体现在以下三个方面：其一，不收集与疫情防控无关的个人信息。虽然越详细的个人信息越有利于疫情的精准防控，但个人信息与人的隐私密切相关，对于低风险地区无关的个人信息应尽量避免收集。其二，超出疫情防控必要范围的个人信息不予收集。为了疫情的流调、追踪、溯源和防控，收集确诊病例及密切接触者的姓名、身份证号码、联系方式、家庭住址、既往活动轨迹等相关信息是有必要的，但其职业、收入、信仰、政治面貌、兴趣爱好等相关个人信息，则明显超出了所需要的范围，不应收集。其三，收集的个人信息的存储和管理不应超过必要的时限。当疫情防控期间收集的个人信息已经实现了溯源、防控、治理等相关目的之后，对于所收集信息应该根据比例原则限制非必要的访问和浏览，对于不再需要的个人信息应当及时删除或进行匿名化等相关处理。

---

[1] 陈景辉：《比例原则的普遍化与基本权利的性质》，载《中国法学》2017年第5期。

三、构建法律与技术相结合的数据保护理念

无论就立法难度而言，还是从数据流动和共享的角度出发，仅以立法赋权的思维并不能很好地解决数据确权等相关问题。到目前为止，没有国家或者地区在立法上完全解决了数据确权的问题。有些学者认为，应该从立法赋权的角度解决数据相关权属界定的模糊性问题。然而，数据涉及多重主体，如提供数据的自然人、数据控制者、数据处理者，而且承载着多元利益，如涉及人格尊严的个人利益、竞争性的商业利益、涉及社会秩序的公共利益等，各种利益相互交织在一起，如果直接通过立法对相关主体进行赋权，实践中反而更加难以平衡不同主体之间的利益。前文已经论述，由于数据的表现形式和特征，传统的民事权利体系无法回应数据确权的问题。2022年12月2日，《中共中央、国务院关于构建数据基础制度更好发挥数据要素作用的意见》发布实施，提出要建立数据产权制度，探索数据产权结构性分置，建立数据资源持有权、数据加工使用权、数据产品经营权"三权分置"的数据产权制度框架。该意见提出的"三权分置"是对传统整体确权的突破和创新，但是"三权分置"的具体落实还有待进一步的细化规定。

关于数据相关权属的界定问题，可能需要法律和技术相互结合共同完成。法律提供理论支撑，最后还是要落实到技术层面。如上海数据交易中心使用XID技术应对直接识别身份的问题，通过数据流通的熔断技术解决共同识别身份的问题，采用数控分离的技术对数据的安全规范进行技术架构。依靠"匿名化"的基于可信中介的技术，或许能更加直接、有效地实现数据权利保护和数据应用之间的平衡。[1] 为了更好地解决数据确权和利益分配问

---

[1] 姚前：《数据隐私保护新思路：从依赖他方到自主可控》，载《中国信息安全》2019年第1期。

题，可以将法律语言转化为代码嵌入算法系统中进行规制。虽然"知情同意"是法律规定的合法性前提，但数据仍然很难得到真正的保护。而区块链被称为"无须信任"的信任构架。工业和信息化部发布的《中国区块链技术和应用发展白皮书》中将区块链定位为"分布式数据存储、点对点传输、共识机制、加密算法等计算机技术在互联网时代的创新应用模式"[1]。借助于区块链，人们之间的交互就不再需要外部中介机构，这即是区块链的"去中心化"要旨。[2] 区块链具有去中心化、去信任、可靠数据库、集体维护等特征，在实际操作中呈现出过程透明且不可随意篡改的效果。区块链技术已经被广泛运用于金融、物流、保险、公共服务等多种场景，例如，蚂蚁集团目前在司法区块链、智慧司法的建设中进行了技术驱动纠纷多元化解的积极探索：区块链智能合约利用司法链线上存证不可篡改的特征提高诉前调解的履约率；将金融机构的业务合同进行实时上链，同时基于智能合约推进金融行业联盟的建立，通过内部代扣、联合惩戒等方式化解纠纷；利用版权链联盟促进版权的链上交易，解决传统版权交易的信息不对称、数据不透明等问题；等等。

在保护个人隐私、确保数据安全的前提下，促进数据的利用是数字时代数字治理的重要议题。在这样的背景下，隐私计算应运而生。隐私计算是在参与方不泄露各自数据的前提下通过协作对数据进行联合机器学习和联合分析[3]，主要解决的是数据孤岛、数据壁垒等相关问题。目前，隐私计算主要包括联邦学习、可信计算、区

---

[1] 《中国区块链技术和应用发展白皮书（2016）》，http://www.invest-data.com/eWebEditor/uploadfile/20180126220911180781210.pdf。
[2] 王延川：《"除魅"区块链：去中心化、新中心化与再中心化》，载《西安交通大学学报（社会科学版）》2020年第3期。
[3] 《〈腾讯隐私计算白皮书2021〉重磅发布》，载微信公众号"腾讯研究院"，2021年4月18日上传，https://mp.weixin.qq.com/s/4-ey1BTuSghhmHr7Xk8V5Q。

块链、安全多方计算等技术方法。隐私计算旨在通过数据不动、算法动的方式，在保障个人信息安全的前提下，对数据进行利用，实现数据的价值。当前，关于隐私计算技术的研究刚刚起步，还存在着一些缺陷和问题，如：联邦学习技术运用的前提是相关企业需要结成联盟，并且共同使用联邦学习技术；联邦学习、区块链等技术运行的速度非常缓慢，会影响正常使用；等等。但是在数字时代，构建法律和技术相结合的数据保护新思维是趋势。

第二节　建立数字时代的权利保护机制

大数据、人工智能、平台经济在对传统行业进行解构和颠覆的同时，将人类带入了虚实交错、无限延展的"双层立体"（物理/电子）空间。[1]传统的公权力/私权利二元结构遭到解构，取而代之的是公权力/私权力/私权利的新型三元结构。由于具有技术优势，某些网络交易平台自发产生了能够有效代替法律制度的私人秩序[2]，如平台的纠纷解决机制、投诉机制以及惩罚机制等。平台在运营中进行自我赋权，有准立法权、准行政权、准司法权，这是私权力的一种体现。在大数据时代，为了在保护数据权利的同时更好地促进数据的流通，应该建立政府主导、社会参与的权利保护机制。

一、完善数据权利保护的法律体系

随着第四次工业革命的到来，隐私保护、网络安全和数据安

---

[1]　马长山：《智慧社会建设中的"众创"式制度变革——基于"网约车"合法化进程的法理学分析》，载《中国社会科学》2019年第4期。
[2]　高薇：《互联网争议解决的制度分析　两种路径及其社会嵌入问题》，载《中外法学》2014年第4期。

全面临新的挑战，数据权利保护、个人信息保护备受关注。2021年，我国先后颁布了《数据安全法》《个人信息保护法》，标志着我国数字法治进入了新时代。《数据安全法》填补了我国数据安全立法方面的空白，《个人信息保护法》成为我国个人信息保护领域的基本法。为了促进《数据安全法》《个人信息保护法》的落地实施，我国还需要制定配套的法律、法规、规章以及涉及各个行业的相关细分领域的立法，以完善数据权利保护法律体系。

（一）完善数据法律规范之间的衔接

2020年5月28日，第十三届全国人民代表大会第三次会议通过了我国首部《民法典》。为应对当下大数据、区块链、5G、物联网等新技术推动下的数字时代，《民法典》在人格权编中的第六章"隐私权和个人信息保护"，对个人信息保护作出了回应。此外，《民法典》也对隐私、个人信息、数据三者的关系进行了界定。《民法典》在人格权编中规定了个人信息保护和隐私权保护，而在财产权编对数据进行了规定，即"法律对数据、网络虚拟财产的保护有规定的，依照其规定"。这样的立法方式体现了《民法典》对个人信息（数据）保护与促进个人数据流通的权衡，同时也彰显出《民法典》传统权利体系对新型数据权利保护的无力。《民法典》无法满足数字时代个人信息权利保护的法律需求，制定专门的关于数据、个人信息的法律势在必行。2021年6月10日，我国首部聚焦数据安全的《数据安全法》颁布，统筹兼顾数据安全与数据发展两大要求。2021年8月20日，我国个人信息保护领域的专门法——《个人信息保护法》颁布，强调在保护个人信息安全的同时兼顾个人信息依法有序的利用。这两部法律的颁布在一定程度上弥补了我国关于数据、个人信息立法的空白，是我国数字领域立法的一大进步。目前，还应当注意的是，处理好《数据安全法》《个人信息保护法》与其他法律规范之间的衔接关系，如

《网络安全法》《电子商务法》《民法典》《消费者权益保护法》等,使其相互配合,发挥合力作用。在此基础上,还要探索推进《数据安全法》《个人信息保护法》实施细则的出台,可以参考美国《加州消费者隐私法案》建立"安全港机制",鼓励业界拟定可操作性的实施细则。[1]

(二) 完善应急立法的相关规定

在推进数据权利保护立法落地实施的同时,也要完善应急立法的相关规定。在此次抗击新冠疫情的过程中,《突发事件应对法》《传染病防治法》《突发公共卫生事件应急条例》等都发挥了重要作用。新冠疫情暴发初期,整个社会运行机制都停摆了,数据在追踪溯源、路径传播分析、发展模型预测中发挥了巨大的价值,但是这些已有的应急法律规范在适用的过程中凸显了对个人信息保护的不足。我国在出现紧急状态需要动用国家紧急权力进行紧急处理时,经常遇到"无法可依"的情况。[2]在这种情况下,完善应急立法的相关规定就显得尤为重要。目前,《突然事件应对法》《传染病防治法》的修改受到关注,但同时,制定统一紧急状态法的步伐也不能放缓,应当处理好《数据安全法》《个人信息保护法》与《突发事件应对法》《传染病防治法》《突发公共卫生事件应急条例》等法律法规的关系与衔接。

二、建立公共数据开放的机制体系

数字时代,互联网看似抹平了信息鸿沟,但掌握网络话语权

---

[1] 范为:《大数据时代个人信息保护的路径重构——初探欧美改革法案中的场景与风险理念》,载《网络信息法学研究》2017年第1期。

[2] 张帝:《重大疫情期间公民权利保障的立法完善》,载正义网2020年4月20日,http://www.jcrb.com/xueshupd/ZDYQFKSHZLZW/202004/t20200420_2148676.html。

和流量的个人或者机构又重构了新形态的信息不平等。[1]信息掌握的不对称和信息鸿沟造成了信息孤岛等问题。

在智慧政府的建设下，民众对政府信息公开的需求越来越强烈。2021年公布的《数据安全法》为了在保障政务数据安全的前提下推动政务数据的开放利用，对政务数据的安全与开放作出了专章规定。《数据安全法》第41条规定，国家应当及时、准确地公开政务数据；第42条提出，制定政务数据开放目录，构建政务数据开放平台，以推动政务数据的开放利用。

各地方也早早就开始了对公共数据开放的探索。2017年3月16日，《浙江省公共数据和电子政务管理办法》（已失效）发布，对浙江省公共数据、电子政务的管理和应用进行了规定。该暂行办法，第16条规定，公共数据资源需要实行统一目录管理；第21条为了打破信息壁垒，对公共管理和服务机构之间数据的无偿共享进行了规定；第24条规定，公共数据开放应当实行目录管理。2020年6月12日，《浙江省公共安全数据开放与安全管理暂行办法》公布，对浙江省的公共数据开放、利用和安全管理进行了规定。该暂行办法第12条对公共数据开放的属性进行了分类，分为禁止开放类、受限开放类以及无条件开放类；第13条对公共数据开放主体的资格评估、审查进行了规定。2022年1月21日，全国第一部以公共数据为主题的地方性法规《浙江省公共数据条例》发布。2019年8月29日，《上海市公共数据开放暂行办法》发布，对上海市行政区划内的公共数据开放及相关管理活动作出了规定。《上海市公共数据开放暂行办法》第二章对数据的开放主体、开放重点、分级分类、开放清单、数据获取方式的开放机制以及数据质量都进行了规定。2021年11月25日，《上海市数据条例》通

---

[1] 扣小米：《数字原来会说谎》，化学工业出版社2018年版，第199页。

过，对公共数据进行了专章规定。为了鼓励数据交易，《上海市数据条例》在全国首创公共数据授权运营的制度框架。2021年4月23日，《广东省首席数据官制度试点工作方案》印发，在全国首次提出建立首席数据官制度，首席数据官的一项重要职责就是促进公共数据的共享开放与开发利用。首席数据官制度将通过试点单位先行先试，探索公共数据和社会数据的融合创新。公共数据的采集不同于一般数据的收集，采用"通知告知"原则，即不需要取得行政相对人的同意就可以采集。但是，公共数据的采集首先要遵循合法性原则，应当遵守《网络安全法》《个人信息保护法》《数据安全法》等相关法律的规定；其次要遵循正当性和必要性原则。

政府的信息公开是疫情防控最好的"特效药"。回溯新冠疫情，当政府开始每天公布疫情信息时，逐渐迎来了疫情防控的转折点。以"知情权"为基础的政府信息公开及数据开放，可以帮助人们了解新冠疫情，及时地辟谣也能减少公众的焦虑感，建立政府与公众之间的信任。[1]在公开政府信息的基础上需要对政府数据进行开放，因为无论是流调追踪、切断感染源，还是防治新冠病毒疫苗或特效药的研发，都需要数据发挥重要作用。用于疫情防控的政府数据主要包括四类：业务数据、民意社情数据、环境数据以及分散性公共数据。[2]为了取得更好的疫情防控效果，需要打破数据孤岛，鼓励政府相关部门和各大平台企业突破数据壁垒，建立数据流通的开放共享机制体系。政府数据的开放可以借鉴《上海市公共数据开放暂行办法》，对数据采取"分级分类"

---

[1] 何渊：《政府信息公开及数据开放为何是武汉疫情的最好"特效药"?!》，载微信公众号"数据法盟"，2020年1月23日上传，https://mp.weixin.qq.com/s/IQj3Nu3EAcvcuDK5pRwyQw。

[2] 蒋余浩：《大数据如何在疫情防控中运用?》，载搜狐网2020年2月11日，https://www.sohu.com/a/372294853_99920976。

的开放机制；或者借鉴《浙江省公共安全数据开放与安全管理暂行办法》，对数据开放属性进行分类。对于个人敏感数据或重要数据，在进行匿名化处理或者征得数据主体授权同意后，才可以进行开放共享。疫情防控期间，健康码的运用是一个成功打通信息壁垒的示范。2020 年 4 月 29 日，国家市场监督管理总局发布了《个人信息健康码》系列国家标准，对健康码的码制、展现方式、数据内容等进行了统一。健康码的成功运用证明，数据是解决社会问题的重要资源，还证明了部门间的信息孤岛是可以打通的。[1] 由于数据的巨大价值，数据的自由流通成为大数据时代的重要内容。对于大数据的利用，应该鼓励政府和社会共同参与、合作，建立数据开放共享的机制体系。

三、采取公法规制与私法保护相结合的框架

目前，关于我国个人信息法律保护的研究，主流观点认为，私法可以对个人信息进行有效保护；也有学者认为，宜采取公法框架进行风险规制，保护个人信息。[2] 由此看来，关于个人信息保护的主要路径有公法和私法。当前，我国个人信息保护的相关法律法规主要包括：2009 年颁布的《刑法修正案（七）》，规定了侵犯公民个人信息的犯罪与刑罚。2012 年《全国人民代表大会常务委员会关于加强网络信息保护的决定》明确规定了如何保护个人电子信息。2013 年修订的《消费者权益保护法》，第 14 条、第 29 条、第 50 条、第 56 条对企业收集、使用消费者个人信息作出了规定。2015 年，《刑法修正案（九）》增加了侵犯公民个人信息

---

[1] 尤一炜、蒋琳：《健康码打通信息孤岛？专家：未来基于数据应用增多需重视信息保护》，载微信公众号"隐私护卫队"，2020 年 5 月 21 日上传，https://mp.weixin.qq.com/s/89-7xCgYjLsv-d9uNIO1Yg。

[2] 丁晓东：《个人信息私法保护的困境与出路》，载《法学研究》2018 年第 6 期。

罪，将"违反国家有关规定，向他人出售或者提供公民个人信息"的主体进行了扩充，从特定单位的工作人员扩大至所有主体。2016年，《网络安全法》对网络运营者收集、使用个人信息的规则进行了完善。2020年，《民法典》在总则编第111条将自然人的个人信息作为一项重要民事权利进行规定，在第六章对隐私权和个人信息保护作出了专章规定。2021年6月，《数据安全法》通过，界定了"数据、数据处理、数据安全"三个核心定义，并规定要建立数据分级分类保护制度。2021年8月，《个人信息保护法》公布，这是我国首部系统制定的关于个人信息保护的法律，旨在保护个人信息的同时促进个人信息的流动使用。

数据具有多重属性，作为产生数据的数据主体对数据享有一定的权利；数据企业在平时的经营过程中对数据投入了大量的人力、物力、财力，对于数据也享有一定的权益；政府等公共部门出于公共利益的需要，对数据同样享有一定权利。个人对数据拥有的权利与数据企业对数据拥有的权益需要进行私法上的权衡，这也是司法实践中需要经常面对的难题。不能因为促进数据的流动、分享和利用而忽视自然人对个人数据的自主决定权益，侵犯个人既有的人格权与财产权；也不能无视数据企业对其付出成本而合法地收集、存储和利用个人数据的权利。[1]如在此次新冠疫情防控过程中，收集个人信息时，一方面需要遵守必要性原则，不收集无关的、超出必要范围的数据，对个人信息进行保护；另一方面，为了疫情防控、保护公共权益需要，适度克减个人的数据权利。面对平台企业、技术公司与消费者之间掌握数据信息的不对称，数字鸿沟导致的算法歧视等威胁，仅依靠私法是无法全面保护数据权利的，需要采取公法规制与私法保护相结合的多元

---

[1] 程啸：《论大数据时代的个人数据权利》，载《中国社会科学》2018年第3期。

平衡进路，这样才能更好地保护数据权利、促进数据流动。

《个人信息保护法》第 70 条规定了公益诉讼机制，当个人信息处理者侵害众多个人权益时，人民检察院、法律规定的消费者组织和国家网信部门确定的组织可以依法向人民法院提起诉讼。此条规定可以解决目前信息主体个人无法判断企业受益情况的问题，因为人民检察院、监管机构有权对相关互联网公司做调查、约谈平台企业，相对于个人较容易确定企业的获利情况。《个人信息保护法》《数据安全法》既有私法的体现，也有公法的体现。例如：《个人信息保护法》第五章、第六章、第七章，不仅对个人信息处理者的义务进行了明确，还对罚款金额、处罚规则等进行了规定，此外还规定了诉讼法的内容，明确了"过错推定"的责任原则；《数据安全法》不仅加大了罚款的处罚力度，而且丰富了处罚的种类，如责令暂停相关业务、停业整顿、吊销相关业务许可证以及吊销营业执照等。

《个人信息保护法》《数据安全法》在多个层面上呈现出公法与私法相融合的特征，保护的法益既包括公益也包括私益，监管方式也呈现出政府与行业合作治理的模式。公私法融合保护框架，不仅有利于保护个人数据权利，还可以为传统的公私法提供新的制度想象。[1]

四、充分鼓励企业实行自律管理

随着信息技术的发展，数据成为数字时代新的生产要素，由此带来了全新的平台经济和数字经济，阿里巴巴、腾讯、京东、美团等成为数字化的商业巨头。平台企业的出现打破了传统国家/社会的二元结构，形成了国家/企业/社会的三元结构。平台根据

---

[1] 丁晓东：《个人信息公私法融合保护的多维解读》，载《法治研究》2022 年第 5 期。

自身业务的需求设立平台规则,具有"准立法权";平台依据自己所掌握的数据资源,对商家进行管理和处罚,具有"准行政权";由于互联网的普及,网络交易增多,由此产生了大量的线上商业纠纷,平台在线解决这些纠纷,具有"准司法权"。数字经济不同于传统经济,体现出平台性、分享性的特征,传统的立法规则是基础,但同时,平台规则、技术规则、行业规则也不可或缺。[1] 各大互联网企业是数字经济时代不可或缺的主体,充分鼓励企业实行自律管理是保障数据权利的重要机制。例如,美国对于数据采用的是以"自由式市场"为导向,以强监管为保障的治理模式。为了促进数据的自由流动和高效商用,《加州消费者隐私法案》采用了"选择退出"机制,对于数据收集、使用采取的是通知告知原则,并不需要获得用户的同意。不同于欧盟,美国更加倾向于鼓励数据的自由流动和交易。美国鼓励企业实行自律管理,但当企业无法进行自我规制时,美国联邦贸易委员会有权进行强监管。如:2019年7月,美国联邦贸易委员会宣布就剑桥分析公司丑闻与Facebook达成和解,对Facebook开出了50亿美元的高额罚单,同时还追加了限制条款,创下了美国联邦贸易委员会历史上对科技公司的最高罚单纪录。同年9月,YouTube因为非法收集和分享儿童个人信息,违反美国《儿童在线隐私保护法案》而被美国联邦贸易委员会罚款1.7亿美元,这是迄今为止因违反美国《儿童在线隐私保护法案》开出的最大罚单。[2]

我国也逐渐意识到行业自律的重要作用。2019年7月召开的中国互联网大会通过了国内首个《用户个人信息收集使用自律公

---

[1] 马长山:《数字法治的理论呼求》,载微信公众号"中国法治实施报告",2021年5月13日上传,https://mp.weixin.qq.com/s/doIuyVzz2Sd-_I55nudpVQ。
[2] 杨婕:《FTC消费者隐私保护2019年度案例回顾》,载微信公众号"CAICT互联网法律研究中心",2020年1月16日上传,https://mp.weixin.qq.com/s/Ee25j99OwqD9omzOWNskhw。

约》，该公约得到了互联网企业的积极响应，共有28家企业签署。该公约明确约定：在收集、使用个人信息之前，应该获得用户的同意；涉及用户敏感信息的，需要征得用户的明示同意；对于拒绝提供敏感信息的用户，不得限制用户对其他功能的使用。2019年8月，《新一代人工智能行业自律公约》发布，该公约强调以人为本、确保公平正义、尊重保护隐私、防止数据被滥用。2020年11月，阿里巴巴、百度、新浪、小米等11家互联网企业作出了"加强App个人信息保护"的公开承诺。

2021年6月，《数据安全法》通过，体现出我国从传统社会的管理思维向数字时代的治理思维的转变。该法提出政府强力规制、平台自我规制和行业协会自律的合作治理机制，强调维护数据安全和促进数字经济发展不能仅仅依靠政府规制，而且需要有关部门、行业组织、企业、个人等全社会共同参与。政府的强力规制主要体现为《数据安全法》第三章关于"数据安全制度"的规定，对内明确了由国家建立数据分类分级保护制度，并确定由国家数据安全工作协调机制统筹协调有关部门制定重要数据目录，同时国家建立数据安全应急处置机制，以防止数据安全事件的危害扩大；对外明确了对管制物项的数据依法实施出口管制，并且指出，对于在数据和数据开发利用技术等有关的投资、贸易等方面对中国采取歧视性的禁止、限制或其他类似措施的国家或地区，我国可以采取对等措施。关于平台企业的自我规制，《数据安全法》在第四章"数据安全保护义务"中进行了规定：首先，需要在网络安全等级保护制度的基础上进行数据的处理活动；其次，加强数据风险监测，当发生数据安全风险时，应立即采取处置和补救措施；最后，重要数据的处理者需要对其数据处理活动定期开展风险评估，并向有关主管部门报送风险评估报告。《数据安全法》第10条对行业协会自律进行了规定，强调行业协会应根据组织章程，制定保护数据安全的行为规范和团体标准，加强行业自律，指导协会会员重视和加强数据安全保护，促进行业健康发展。

2021年8月通过的《个人信息保护法》第58条规定了平台的守门人责任，体现了个人信息保护政府强力规制和平台自我规制的合作治理理念。该条规定，提供重要互联网平台服务、用户数量巨大、业务类型复杂的个人信息处理者应当做到：第一，建立健全个人信息保护的合规制度体系，成立主要由外部成员组成的独立机构监督个人信息保护情况；第二，制定平台规则，对平台内产品或服务提供者处理个人信息的规范和保护个人信息的义务进行明确；第三，承担平台责任，对严重违反法律、行政法规处理个人信息的平台内产品或服务提供者，停止提供服务，即平台企业有义务将违法违规的商家App进行下架处理，这是平台自我规制的体现；第四，定期发布例如安全事件、隐私计算运用、权利保护等相关情况的个人信息保护社会责任报告。

然而，目前我国的个人信息保护仍然主要依托的是政府监管机构的强力监管，通过运动式执法、选择性执法，对侵害个人信息权益的行为进行处和整治。如：浙江省公安"净网2020"专项行动；2021年5月，工业和信息化部对侵害用户权益的90款App进行了下架处理；2022年1月，中央网信办开展"清朗·2022年春节网络环境整治"专项行动；等等。但是，随着数字经济时代的到来，互联网公司掌握着大数据、算法技术等，政府对互联网公司的数据控制能力越来越弱，仅依靠政府的强力规制进行数据治理将面临很多困境和挑战，因此需要依托平台的自我规制。另外，在平台对平台商户进行监管的同时，平台企业需要改变其数据治理模式，对平台也进行自我规制。

我国可以借鉴发达国家和地区的数据治理经验，充分鼓励发挥行业自主自律的灵活性优势，弥补法律规制的滞后性不足。例如：欧盟的《数字市场法》引入了"看门人"概念，并对"看门人"的标准从影响内部市场规模、作为商业用户到终端用户的重要渠道以及市场支配地位三个方面进行了规定。对符合"看门人"标准的大型互联网平台进行反垄断规制，从而保障市场公平与良性竞争。欧盟的《数字服务法》对"非常大的在线平台"进行了规定，针对相关在线平台非法和有害内容事宜制定了追责新标准，将更好地保护用户及其基本权利。《数字市场法》和《数字服务法》分别对"看门人"与"非常大的在线平台"给予了特别关注，对于它们的违法违规行为开出"最高罚单"。这种事前规管的方法值得我们借鉴，在鼓励行业实行自律管理的同时，政府可以建立惩罚机制，强化政府的监管手段，例如采取警告、训斥、建立相关清单等矫正性措施，促进互联网企业合法化、规范化发展。

第三节 构建有效的外部执法机制

目前，美国虽然在联邦层面没有制定统一的个人信息保护法，但有着其他国家无可比拟的强大的外部执法机制，能够约束信息控制者的行为。[1] 2021 年，我国《数据安全法》《个人信息保护法》先后出台，这两部法律是数字领域的基本法，具有划时代意义。自此，《网络安全法》《数据安全法》《个人信息保护法》共同构成我国个人信息保护与数据合规的立法基石。但是，当前我国数字领域的执法存在三个方面的困境：第一，《网络安全法》《数据安全法》《个人信息保护法》颁布后，国家虽然出台了一些相关配套的法律规范，例如《数据出境安全评估办法》，但配套的

---

[1] 周汉华：《探索激励相容的个人数据治理之道——中国个人信息保护法的立法方向》，载《法学研究》2018 年第 2 期。

成体系的法律法规还远远不够，也缺乏相关行业细化的单行立法，导致执法时缺少具体的指引。第二，对于数据侵权行为，重视刑事责任追究，轻行政处罚。有刑法学者指出，关于侵犯公民个人信息行为的处罚，我国刑法先于行政法、民法"亮剑"。[1]例如，2017年5月，被称为"国内首家大数据交易平台"的"数据堂"因泄露客户隐私，公司多位高管和业务人员被警方带走调查，公司数据业务处于停摆状态。重刑轻行政的执法路径容易缺乏灵活性，违背刑法的谦抑性原则。第三，关于数据保护的大多数规范性文件的位阶偏低，而高位阶的法律法规多为一些原则性的规定。[2]很多情况下，只有一个概念或者禁止性的法律要求，缺乏系统的整体制度设计。[3]虽然《数据安全法》《个人信息保护法》已经出台，但配套的制度体系还有待完善，目前我国法律还无法为多元的数据权利提供全方位的保护，需要构建强有力的外部执法机制。

一、建立权责清晰的强监管机关

数字时代，数据存在于人们生产生活的方方面面，关于个人信息的保护也始终是关注的焦点。如新冠疫情期间，数据权利保护和疫情防控一直相伴始终。《数据安全法》第5条、第6条对数据安全监管体制进行了规定：明确中央国家安全领导机构作为最高监管机构，负责国家数据安全工作决策和议事协调，研究制定、指导实施国家数据安全战略和有关重大方针政策，统筹协调国家

---

[1] 卢建平、常秀娇：《我国侵犯公民个人信息犯罪的治理》，载《法律适用》2013年第4期。

[2] 张新宝：《从隐私到个人信息：利益再衡量的理论与制度安排》，载《中国法学》2015年第3期。

[3] 周汉华：《探索激励相容的个人数据治理之道——中国个人信息保护法的立法方向》，载《法学研究》2018年第2期。

数据安全的重大事项和重要工作；各地区、各部门对本地区、本部门工作中收集和产生的数据及数据安全负责，工业、电信、交通、金融、自然资源、卫生健康、教育、科技等主管部门承担本行业、本领域数据安全监管职责，公安机关、国家安全机关等在各自职责范围内承担数据安全监管职责，国家网信部门负责统筹协调网络数据安全和相关监管工作。有学者提出这样的监管体制呈现出"九龙治水"的问题，且中央国家安全领导机构负责统筹的角色和职责不合时宜[1]，主张应该设立一个统一、专门、独立的监管机构。在执法机制上，《数据安全法》突出了中央国家安全领导机构的统筹协调能力，明确了通过国家数据安全工作协调机制协调有关部门来制定重要数据目录，各地区、各部门只能依据数据分类分级保护制度确定本地区、本部门的具体目录。这表明各地区、各部门只能细化分类分级保护制度，而不能突破国家确定的重要数据目录。

《个人信息保护法》第60条对监管机关的分工进行了规定：国家网信部门负责统筹协调个人信息保护工作和相关监督管理工作，国务院有关部门在各自职责范围内负责个人信息保护和监督管理工作；县级以上地方人民政府有关部门按照国家有关规定对个人信息保护进行监督和管理。然而，《个人信息保护法》的监管分工规定，依然面临"九龙治水"的问题，主张建立独立监管机构的学者们难免感到遗憾。他们主张建立类似欧盟数据保护委员会的独立监管机构，独立于其他的监管部门，具有专业性和强监管性。但是，在我国设立独立的监管机构并不能解决数据保护问题。一方面，数据来源广泛且具有专业性。如金融数据、医疗健康数据、公共数据的监管有技术性门槛，独立的监管机构无法做

---

[1] 许可：《数据安全法：来路与前途》，载微信公众号"数字经济与社会"，2020年7月20日上传，https://mp.weixin.qq.com/s/LpKvYpdTm9vZSTB0YtFsJQ。

到对这些数据都能进行专业管理；另一方面，就监管的效率而言，单独划出监管机构会增加管理成本，且由于管理惯性，国家网信部门的监管实效不一定强于各有关部门。关于强监管机构问题，应该对各部门之间的权限进行清晰、合理的划分，在原有基础上加强本区块的监管。美国对于数据监管，在统一监管机构联邦贸易委员会的管理下，对金融行业、医疗健康行业都设有单独的监管机构，实行的是统一监管和行业监管相结合的模式，值得借鉴。《个人信息保护法》的合规要点之一就是明确了由国家网信部门统筹推进个人信息保护工作，解决了《个人信息保护法（草案）》中监管部门分工不明确的问题。《个人信息保护法》第 62 条不仅明确规定了由国家网信部门统筹协调个人信息保护工作，而且细化了具体的工作内容，如制定具体的规则、标准，开发研究电子身份认证技术，推进建设个人信息保护的社会化服务体系，完善个人信息保护投诉、举报工作机制，等等。第 63 条规定了个人信息保护职责部门履行个人信息保护职责可采取的措施。第 64 条规定，个人信息保护职责部门处理个人信息安全事件时，不仅可以约谈个人信息处理者负责人，还可以要求个人信息处理者委托专业机构对其个人信息处理活动进行合规审计；此外，发现违法处理个人信息涉嫌犯罪的，应及时移送公安机关。

二、完善行政处罚与刑事责任的衔接

当前，我国涉及对损害数据权利行为进行处罚的法律有《消费者权益保护法》《网络安全法》《数据安全法》《个人信息保护法》《刑法》等。而我国对损害数据权利行为的追责，主要以刑事责任为主，如《刑法》中的"侵犯公民个人信息罪"，并未充分利用行政处罚进行数据治理。实际上，相对于刑事处罚，行政处罚更具灵活性，且对企业影响相对较小，有利于在规制数据行为的

同时，减少对数据经济使用价值的抑制。

（一）借鉴行政和解协议

关于数据权利保护，欧盟《通用数据保护条例》和美国《加州消费者隐私法案》都选择了效率优先，以行政处罚为主的规制模式。欧美对于隐私、个人数据的保护都显示出强化行政规制，弱化民事诉讼机制的倾向。对于数据侵权采取严厉的行政处罚是欧盟数据权利保护体系的特点，美国更是设立了行政和解协议制度。美国在数据隐私保护执法中经常使用行政和解协议，如美国联邦贸易委员会对 Facebook 开出的 50 亿美元处罚就是达成行政和解协议的结果，2020 年 5 月，法院就美国联邦贸易委员会提起的诉讼作出认可协议的裁决。美国行政和解协议没有金额的限制，其本质是企业改正自己的违法违规行为并付出和解协议金，监管机构以停止调查作为对价。行政和解协议高额的罚款促使企业重视数据合规体系的建设。此外，美国还规定了考验期制度，在考验期结束后考察企业是否建立了数据合规体系。

从诸多国家或地区的实践来看，行政处罚是保护数据权利的有效手段，如行政和解协议体现了政府对企业的柔性执法，行政监管体现出比私法、公法进路更加有效的监管路径。目前，我国数据权利保护存在重刑事责任轻行政处罚的问题，我们应当借鉴其他国家或地区的有益经验，重视行政处罚，尤其是行政和解协议的作用。

（二）完善相关行政法律规范

我国关于数据权利保护的行政处罚与刑事责任不衔接的主要原因在于，相关行政法律制度不完善。目前，我国与数据相关的行政法规、部门规章主要有：《国务院关于在线政务服务的若干规定》，提出了建设一体化在线平台，促进数据的共享以提高政务服务的效率；《关键信息基础设施安全保护条例》，确立了我国关键信息基础设施安全保护专门制度,为开展关键信息基础设施安全保护工作提供了基本遵循;《儿童个人信息网络保护规定》,为了保护儿童在互联网中个人信息的安全,规定网络运营者收集儿童个人信息时,需要征得儿童监护人的同意;《网络安全审查办法》,这是由中央网信办等 13 个部门发布的第一个部门规章,对关键信息基础设施的供应链安全进行了规定;等等。此外,关于数据规范,相关部门还发布了一些国家标准,如:《信息安全技术 人脸识别数据安全要求》(GB/T 41819—2022),为了解决人脸数据被滥用、泄露、丢失等问题,将人脸图像处理分为三类场景,并对其收集、存储、使用、共享、转让、公开披露、删除全生命周期的数据活动规定了安全要求;《信息安全技术 个人信息去标识化效果评估指南》(GB/T 42460—2023),为了落实个人信息的分级保护,将个人信息标识度分为四级,以更好地评价去标识化效果。总体来说,当前我国关于数据权利的行政规范立法还比较薄弱,缺乏细化领域的专门规定,且部分细化领域的规范呈现为国家标准,效力层级较低。

《网络安全法》《数据安全法》《个人信息保护法》已经构建起我国网络安全与数据安全的法律保护框架,国家也出台了一些行政法律规范,但是目前的行政立法仍然比较薄弱,应当从以下两个方面进行改进:第一,加快制定数据细化领域的行政法规范。数据治理呈现出场景化特征,不同的场景侧重点会有所不同,如医疗领域、金融领域等,需要细化区分领域单独进行规范。第二,提高相关数据规范标准的法律层级。当前,一些特殊细化领域的数据规范体现为国家标准,应当根据实际需要积极推动这些数据规范上升为行政法律规范,提高其效力层级。只有完善数据权利相关行政法律规范,才能发挥行政监管在数据治理中的优势作用,在保护数据权利的同时,最大限度减少对数据使用和流通的影响。

三、制定强监管的高额处罚机制

数字社会呈现出双重空间、代码规制、技术赋权等新的特点，互联网企业掌握着大量关键生产要素，通过收集、使用、处理数据促进社会的发展，是信息技术的主导者。为了管理平台运作、解决平台纠纷，互联网企业制定了平台规则，对违规商户进行实质性的惩罚，拥有事实上的治理权力。数字时代突破了传统的国家/社会二元格局，形成了新型的国家/企业/社会三元格局。在数字时代，企业自我规制与政府规制相结合的多元治理成为更具有优势的监管方式。例如制定强监管的高额处罚机制，使企业的违法成本增加，以迫使企业建立良好的合规体系。《数据安全法》《个人信息保护法》都体现出强监管的决心、高额处罚的倾向。

《数据安全法》第六章对法律责任进行了规定，处罚形式主要包括责令改正、警告、罚款、没收违法所得、暂停相关业务、停业整顿、吊销许可证或吊销营业执照、追究刑事责任等。为了更好地平衡数据安全与数据发展两大需求，《数据安全法》还确立了约谈制度，即"有关主管部门在履行数据安全监管职责中，发现数据处理活动存在较大风险的，可以按照规定的权限和程序对有关组织、个人进行约谈，并要求有关组织、个人采取措施进行整改，消除隐患"。行政约谈体现了行政监管方式由事后的处罚打击型向事前的服务监管型的转变，有利于推动服务型政府的建设。[1]同时，《数据安全法》第六章还规定了并处罚款的额度，根据第45—47条规定，不履行相关数据安全保护义务的个人、企业及其相关负责人都要面临一定金额的罚款。其中，开展数据处理活动的组织、个人不履行数据安全保护义务的，罚款上限是200万元；违反国家核心数据管理制度，危害国家主权、安全和发展利

---

[1] 徐永涛、林树金：《我国行政约谈的理论基础及法治化》，载《东岳论丛》2014年第12期。

益的，罚款金额在 200 万元到 1000 万元之间，还可能面临刑事责任；向境外提供重要数据的，较国内一般违反数据安全保护义务的行为更严重，罚款金额上限为 1000 万元；从事数据交易中介服务的机构未履行相关义务的，处违法所得 1 倍以上 10 倍以下罚款，没有违法所得或者违法所得不足 10 万元的，罚款上限为 100 万元。高额的罚款可见我国对数据安全管理的重视。欧盟 GDPR 同样规定了严厉的处罚机制，罚款主要包括两类：第一类罚款上限是 1000 万欧元或者上一年度全球营业收入的 2%；第二类罚款上限是 2000 万欧元或者企业上一年度全球营业收入的 4%。对于明显轻微违反 GDPR 而不需要直接予以处罚的行为，采取警告、训斥等矫正性强制措施。美国的处罚常采取行政和解协议的方式，和解协议金额没有上限和下限的规定，弹性极大，但美国作出的常是高额处罚，甚至比欧盟的处罚力度更大。我国《数据安全法》对于数据安全法律责任的相关规定体现出了刚柔并济的管理方法，目的是在确保我国数据安全的前提下，避免数据处理者因承担各种法律责任而阻碍其产业发展。

《个人信息保护法》关于罚款等行政处罚机制的规定是其亮点之一。《个人信息保护法》第七章关于法律责任的规定从行政、民事、刑事等多个角度构建了一套保障个人信息权益的综合责任体系。[1] 第 66 条对处罚进行了具体的规定：处罚的种类包括责令改正、警告、没收违法所得、暂停或终止提供服务、罚款、停业整顿、吊销相关业务许可证或吊销营业执照等。对于一般违法拒不改正的企业，可并处 100 万元以下罚款，对相关直接责任人员可处 1 万元以上 10 万元以下罚款；情节严重的，对企业可并处 5000 万元以下或上一年度营业额 5% 以下罚款，对相关直接责任人员可处

---

[1] 龙卫球主编：《中华人民共和国个人信息保护法释义》，中国法制出版社 2021 年版，第 306 页。

10万元以下100万元以下罚款。可见，不同于《数据安全法》和《网络安全法》，《个人信息保护法》加大了处罚力度，设置了高额罚款，情节严重的罚款上限是5000万元或者上一年度营业额的5%，5%的数值高于欧盟4%的规定，体现出我国对违法处理个人信息处罚的决心。巨额处罚条款也使得我国《个人信息保护法》更加具有威慑力。但是，关于此条款的适用，还有一些问题需要进行明示，例如：对于情节严重的界定；上一年度营业额是指企业在国内的营业额还是全球营业额；如果上一年度营业额的5%高于5000万元，应该适用何者；等等。《个人信息保护法》还确定了企业的过错推定责任原则，即企业只有证明其在处理个人信息的活动中没有过错才无须承担损害赔偿责任。赔偿数额按照个人的损失或企业的获利确定；个人的损失或企业的获利难以确定的，按照实际情况确定赔偿数额。此外，《个人信息保护法》出台后，也需要建立健全相关配套的法律规范，对条款的适用作出更加细致的规定，在保护数据权利的同时促进数据的流动。

结　语

　　随着互联网、人工智能、大数据的发展，人类进入了数字时代。人们的生产生活无时无刻不在产生着数据，数据的高速流动使得其有了巨大的财产价值。数据是重要资源，各大企业之间关于数据不正当竞争的案件越来越多，各国之间也在确立国际数据秩序和数据竞争规则。在这样的背景下，我国加快了数据保护的立法步伐，《民法典》《数据安全法》《个人信息保护法》纷纷亮相，体现了我国对数据权利保护的重视。在司法领域，法院也作出了一些具有典型代表意义的判决。例如：在"腾讯诉群控软件案"中，杭州互联网法院将平台数据区分为单个原始数据和成规模的网络平台数据，法院认为应强调数据主体对单个原始数据的数据权利，而网络平台对于成规模的平台数据享有竞争性权益。[1]北京市海淀区人民法院在"超级星饭团案"中，将企业的平台数据区分为公开数据和非公开数据，并指出对于公开数据的使用企业需要有适度的容忍，但平台对于非公开数据的经营权益则受到法律的保护。[2]北京互联网法院在"微信读书案"中，对企业的数据经营权益和个人的数据隐私权益进行了平衡，强调平台对于收集的数据资源进行利用需要符合用户的"合理预

---

[1] 腾讯诉群控软件不正当竞争纠纷案，浙江省杭州铁路运输法院（2019）浙8601民初1987号民事判决书。
[2] 北京微梦创科网络技术有限公司诉云智联网络科技（北京）有限公司不正当竞争纠纷案，北京市海淀区人民法院（2017）京0108民初24512号民事判决书。

期"，在跨平台使用数据的情况下需要获得用户的明确授权同意。[1] 由此可见，我国无论是立法层面还是司法层面都意识到"数据"的特殊性。

数据不同于传统的"物"，具有数字时代新的特征。首先，数据具有非竞争性。传统的"物"最重要的是确权，确定排他性和垄断性的占有，但数据可以同时被多个不同主体用于不同的生产领域，且数据的价值不会因此而减损。其次，数据具有开放性。数据的价值来源于信息的自由流动，封闭静止的单个数据并没有价值。最后，数据具有非独立性。传统对于"物"之判断标准是具备物理上的独立性且具有交易上的经济性，而数据依赖于计算机代码和技术基础设施，且单个独立的数据并没有商业上的经济价值。数据如此不同，但又如此普遍，数据主体每时每刻都在产生数据。根据数据的来源不同，可以将数据分为个人数据、商业数据、公共数据；依据数据来源的行业领域不同，可以将数据分为金融数据、健康医疗数据、消费数据、公共数据、儿童数据、就业数据以及教育数据等；为了更好地实现数据权利保护与数据流动之间的平衡，可以将数据分为重要数据、敏感数据、个人数据以及非个人数据。

数字时代的到来，改变了人们的生产关系和生活方式。数据存在于人们日常生活的衣食住行中，人们脱离了手机、计算机等移动设备已经无法正常生活。数据成为信息时代新的生产资料，各种新业态、新模式都接踵而至。在数字时代之前，人类的行为都发生在物理空间，而如今人脸识别、移动支付、手机购物等电子行为使人们具备了"物理人"和"电子人"的双重身份。人们

---

[1] 黄某诉腾讯科技（深圳）有限公司、腾讯科技（北京）有限公司、深圳市腾讯计算机系统有限公司隐私权、个人信息权益网络侵权责任纠纷案，北京互联网法院（2019）京0491民初16142号民事判决书。

生活在虚拟与现实的交错空间，物理时空的边界被打破，近程与远程相交织、现实与虚拟相混杂，呈现出扁平化、破碎化及流动化的态势。[1]数据给人们生活带来便捷的同时，也带来了新威胁和新挑战。如人脸识别技术在提高治安管理、精准扶贫等社会治理方面提升了管理效益，但人脸识别技术的识别误差、分类标记等侵犯了人的人格尊严，挑战了公民的隐私权益。再如，在新冠疫情的防控工作中，大数据技术的使用推动了病例追踪、切断感染源等工作的高效完成，但确诊病例以及密切接触者等人员的个人数据权利保护是疫情防控工作中的重要问题。

  建立在传统工商业时代的法律法规已经无法为信息时代的数据提供全面的保护，数据隐私、数据黑产、数据泄露等问题频发。第一，传统的侵权法无力保护数据的隐私权益。首先，传统隐私保护强调信息具有身份的可识别性，与特定个人关联是隐私保护的前提。但个人数据的匿名化、去标识化降低了数据主体与数据的关联程度，使得传统隐私权无法对数据进行保护。数据的去身份化冲击了隐私保护的可识别性。其次，数据具有公开性的特征，数据的公开性削弱了隐私权益的合理期待。最后，数据的侵权主体具有多元化的特性，而传统的侵权主体常为单一主体；同时，技术鸿沟导致了数字鸿沟，掌握信息的不对称导致了数据侵权损害举证的复杂性，传统侵权法"谁主张、谁举证"的举证责任规则使数据主体基本无法实现举证。数据侵权的复杂性挑战着侵权归责的前提。

  第二，人格权的保护进路难以回应数据的财产权益。首先，数据上承载着多重复合权利，既承载着"人格要素"，也包含着"财产权益"。数据具有多元价值，对于个人而言，个人数据具有

---

[1] 苗梅华：《智慧治理的时代面向与挑战》，载《国家检察官学院学报》2020年第1期。

人权价值；对于平台企业而言，数据具有巨大的商业价值；对于国家政府而言，数据具有提高管理效率的公共价值。单一的人格权无法全面保护数据的复合权利。其次，个人数据的价值在于自由流动。为了促进数据的流动，在保护个人数据权利的同时，更要重视数据的合理使用。人格权是绝对权的保护，绝对权保护会阻碍数据的流动。

第三，物权保护路径也面临数据权利保护不足问题。数字时代的数据不同于工商业时代的"物"，体现出非客体性的特征。其一，数据的非客体性特征解构物权客体。首先，数据依赖于计算机、代码而存在，不具备独立性。其次，数据主体、数据控制者、数据处理者可以同时使用数据，并且相互之间不影响，数据体现出非排他性的特征。最后，网络用户每时每刻都在产生数据，数据并不具有稀缺性。其二，数据的特性违背物权原则。首先，数据可以同一时间开放多个权限给多个用户使用，这种分享性违背了物权的"一物一权"原则。其次，数据不具有形体，无法满足物权关于"物"的规定，违背"物权法定"原则。最后，数据的交易规则不需要转移所有权，通过授权、开放 API 接口就可以完成，这样的交易方式违背物权的公示、公信原则。其三，数据的流动性限制物权独占性。数据所有权的目的在于流通、访问和使用，而物权的目的在于独占、排他、直接支配。

第四，知识产权法无法全面保护企业数据权利。首先，数据不具有独创性、期限性、法定性等知识产权特征，数据的非原创性消减著作权保护的独创性。其次，数据具有开放共享的特征，不具有秘密性，商业秘密无法约束合法收集的数据。最后，公认的"商业道德"具有不确定性，对其判断具有主观性。同时，现行法律条文的滞后性导致《反不正当竞争法》一般条款适用条件具有抽象性。

由此可见，传统工商业时代的法律制度无法应对数字时代的数据权利保护，侵权法、人格权、物权、知识产权法保护路径都具有局限性，需要构建具有中国特色的新型数据权利保护模式与机制。

第一，确立新型的数据保护理念。首先，大数据时代，相关关系能够更加迅速、精准地进行数据分析，是大数据运用的核心和基础，关注"是什么"比"为什么"更加重要。在数字时代，需要用相关关系取代因果关系。其次，由于数据存在于赛博空间，不具有边界，需要强化数据权益保护的平衡理念，在利用利益衡量方法进行权益平衡的同时使用比例原则进行权益保护。最后，构建法律与技术相结合的数据保护理念。仅从立法角度对数据进行保护并不能很好地解决数据的相关问题，由法律提供理论支撑，落实到技术层面或许能更好地解决数据问题。

第二，建立数字时代的权利保护机制。数据催生了各大互联网平台，平台企业为了管理的需要，具备了"权力"。首先，需要完善数据权利保护的法律体系。促进《数据安全法》《个人信息保护法》的落地实施，并完善应急立法相关规定。其次，建立公共数据开放的机制体系。政府公共数据的开放对于数据的流动利用具有至关重要的意义和价值。再次，由于数据主体与平台企业掌握技术的差距，仅仅用私法很难对数据权益进行保护，需要采取公法规制与私法保护相结合的方式。最后，充分鼓励企业实行自律管理。为了促进数据的自由流通，美国以"自由式市场"为导向的模式值得借鉴，企业的自律管理能够带来更高的管理效率。

第三，构建有效的外部执法机制。我国目前没有关于数据保护权责统一的监管机构，因此需建立权责清晰的强监管机关。同时，可以借鉴美国的行政和解协议制度并完善相关行政法律制度，以促进数据违法违规行政处罚与刑事责任的衔接。此外，为了促使互联网企业能够自主进行合规体系的构建,需要制定强监管的高额处罚机制。《个人信息保护法》规定了高额的罚款金额,需要再进一步细化法律适用问题。

在大数据时代,中国应该在保护数据权利的同时,促进数据的自由流动,建立数据市场。此外,还应积极参与国际合作,开放数据市场,作为数字经济大国,参与竞争规则的设立,实现互利共赢的数据合作。

参考文献

一、中文类
（一）著作及译著

［美］马修·辛德曼：《数字民主的迷思》，唐杰译，中国政法大学出版社2016年版。

［以色列］尤瓦尔·赫拉利：《人类简史》，林俊宏译，中信出版集团2017年版。

［以色列］尤瓦尔·赫拉利：《未来简史》，林俊宏译，中信出版集团2017年版。

［德］克里斯多夫·库克里克：《微粒社会》，黄昆、夏柯译，中信出版社2018年版。

［英］约翰·帕克：《全民监控：大数据时代的安全与隐私困境》，关立深译，金城出版社2015年版。

［法］马尔克·杜甘、克里斯托夫·拉贝：《赤裸裸的人：大数据、隐私与窥视》，杜燕译，上海科学技术出版社2017年版。

［美］特蕾莎·M.佩顿、西奥多·克莱普尔：《大数据时代的隐私》，郑淑红译，上海科学技术出版社2017年版。

［美］安德雷斯·韦思岸：《大数据和我们：如何更好地从后隐私经济中获益？》，胡小锐、李凯平译，中信出版集团2016年版。

［德］罗纳德·巴赫曼、吉多·肯珀、托马斯·格尔策：《大数据时代下半场：数据治理、驱动与变现》，刘志则、刘源译，北京联合出版公司2017年版。

［美］伊森·凯什、［以色列］奥娜·拉比诺维奇·艾尼：《数字正义：当纠纷解决遇见互联网科技》，赵蕾、赵精武、曹建峰译，法律出版社

2019年版。

［英］阿里尔·扎拉奇、［美］莫里斯·E. 斯图克：《算法的陷阱：超级平台、算法垄断与场景欺骗》，余潇译，中信出版集团2018年版。

［美］詹姆斯·格雷克：《信息简史》，高博译，人民邮电出版社2013年版。

［美］佩德罗·多明戈斯：《终极算法：机器学习和人工智能如何重塑世界》，黄芳萍译，中信出版集团2017年版。

［美］弗兰克·帕斯奎尔：《黑箱社会：控制金钱和信息的数据法则》，赵亚男译，中信出版集团2015年版。

［英］乔治·扎卡达基斯：《人类的终极命运：从旧石器时代到人工智能的未来》，陈朝译，中信出版集团2017年版。

马长山：《国家、市民社会与法治》，商务印书馆2002年版。

何渊等：《大数据战争：人工智能时代不能不说的事》，北京大学出版社2019年版。

彭诚信：《现代权利理论研究——基于"意志理论"与"利益理论"的评析》，法律出版社2017年版。

［美］劳伦斯·莱斯格：《代码2.0：网络空间中的法律》（修订版），李旭、沈伟伟译，清华大学出版社2009年版。

［英］卢恰诺·弗洛里迪：《信息伦理学》，薛平译，上海译文出版社2018年版。

［荷］尤瑞恩·范登·霍文、［澳］约翰·维克特主编：《信息技术与道德哲学》，赵迎欢、宋吉鑫、张勤译，科学出版社2014年版。

［英］维克托·迈尔-舍恩伯格、肯尼思·库克耶：《大数据时代》，盛杨燕、周涛译，浙江人民出版社2013年版。

［美］约翰·罗尔斯：《正义论》，何怀宏、何包钢、廖申白译，中国社会科学出版社1988年版。

［德］鲁道夫·冯·耶林：《为权利而斗争》，郑永流译，法律出版社2007年版。

郑永年：《技术赋权：中国的互联网、国家与社会》，邱道隆译，东方出版社 2014 年版。

［英］詹姆斯·格里芬:《论人权》,徐向东、刘明译,译林出版社 2015 年版。

［美］E. 博登海默:《法理学:法律哲学与法律方法》,邓正来译,中国政法大学出版社 1999 年版。

张文显:《二十世纪西方方法哲学思潮研究》,法律出版社 1996 年版。

扣小米:《数字原来会说谎》,化学工业出版社 2018 年版。

［美］克莉丝汀·L. 伯格曼:《大数据、小数据、无数据:网络世界的数据学术》,孟小峰、张祎、赵尔平译,机械工业出版社 2017 年版。

张新宝:《隐私权的法律保护》(第 2 版),群众出版社 2004 年版。

张民安主编:《信息性隐私权研究——信息性隐私权的产生、发展、适用范围和争议》,中山大学出版社 2014 年版。

［美］凯文·凯利:《新经济·新规则》,刘仲涛、康欣叶、侯煜译,电子工业出版社 2014 年版。

［美］理查德·波斯纳:《法官如何思考》,苏力译,北京大学出版社 2009 年版。

何渊主编:《数据法学》,北京大学出版社 2020 年版。

王天一:《人工智能革命:历史、当下与未来》,北京时代华文书局 2017 年版。

［德］迪特尔·梅迪库斯:《德国民法总论》,邵建东译,法律出版社 2001 年版。

刘作翔:《权利冲突:案例、理论与解决机制》,社会科学文献出版社 2014 年版。

［美］托马斯·瑞德:《机器崛起:遗失的控制论历史》,王晓、郑心湖、王飞跃译,机械工业出版社 2017 年版。

［英］安德鲁·查德威克:《互联网政治学:国家、公民与新传播技术》,任孟山译,华夏出版社 2010 年版。

王文、刘玉书:《数字中国:区块链、智能革命与国家治理的未来》,中信出版集团 2020 年版。

徐恪、李沁：《算法统治世界：智能经济的隐形秩序》，清华大学出版社 2017 年版。

甘培忠主编：《共享经济的法律规制》，中国法制出版社 2018 年版。

杨芳：《隐私权保护与个人信息保护法——对个人信息保护立法潮流的反思》，法律出版社 2016 年版。

杨延超：《机器人法：构建人类未来新秩序》，法律出版社 2019 年版。

张才琴、齐爱民、李仪：《大数据时代个人信息开发利用法律制度研究》，法律出版社 2015 年版。

张民安主编：《公开他人私人事务的隐私侵权：公开他人的医疗信息、基因信息、雇员信息、航空乘客信息及网络的隐私侵权》，中山大学出版社 2012 年版。

［美］雷切尔·博茨曼、路·罗杰斯：《共享经济时代：互联网思维下的协同消费商业模式》，唐朝文译，上海交通大学出版社 2015 年版。

马长山：《法治进程中的"民间治理"——民间社会组织与法治秩序关系的研究》，北京法律出版社 2006 年版。

［澳］马克·戴维森：《数据库的法律保护》，朱理译，北京大学出版社 2007 年版。

［德］阿明·格伦瓦尔德主编：《技术伦理学手册》，吴宁译，社会科学文献出版社 2017 年版。

［德］托马斯·威斯迈耶、蒂莫·拉德马赫编：《人工智能与法律的对话 2》，韩旭至、李辉等译，上海人民出版社 2020 年版。

［法］普里马韦拉·德·菲利皮、［美］亚伦·赖特：《监管区块链：代码之治》，卫东亮译，中信出版社 2019 年版。

［荷］玛农·奥斯特芬：《数据的边界：隐私与个人数据保护》，曹博译，上海人民出版社 2020 年版。

［美］莫里斯·E. 斯图克、艾伦·P. 格鲁内斯：《大数据与竞争政策》，兰磊译，法律出版社 2019 年版。

马长山：《迈向数字社会的法律》，法律出版社 2021 年版。

汪德嘉、宋超：《数字身份：在数字空间，如何安全地证明你是你》，电子工业出版社 2020 年版。

［美］伊莱·帕里泽：《过滤泡：互联网对我们的隐秘操纵》，方师师、杨媛译，中国人民大学出版社 2020 年版。

［美］约翰·切尼-利波尔德：《数据失控：算法时代的个体危机》，张昌宏译，电子工业出版社 2019 年版。

［瑞典］大卫·萨普特：《被算法操控的生活：重新定义精准广告、大数据和 AI》，易文波译，湖南科学技术出版社 2020 年版。

马颜昕等：《数字政府：变革与法治》，中国人民大学出版社 2021 年版。

［美］弥尔顿·L·穆勒：《网络与国家：互联网治理的全球政治学》，周程等译，上海交通大学出版社 2015 年版。

［美］马克·格雷厄姆、威廉·H. 达顿：《另一个地球——互联网 + 社会》，胡泳等译，电子工业出版社 2015 年版。

［美］尼古拉斯·卡尔：《数字乌托邦》，姜忠伟译，中信出版集团 2018 年版。

［美］安德鲁·V. 爱德华：《数字法则——机器人、大数据和算法如何重塑未来》，鲜于静、宋长来译，机械工业出版社 2016 年版。

［美］B. 盖伊·彼得斯：《政府未来的治理模式》，吴爱明、夏宏图译，中国人民大学出版社 2014 年版。

［美］罗伯特·阿克塞尔罗德：《合作的复杂性——基于参与者竞争与合作的模型》，梁捷、高笑梅等译，上海人民出版社 2008 年版。

［美］G. 沙布尔·吉玛、丹尼斯·A. 荣迪内利编：《分权化治理：新概念与新实践》，唐贤兴、张进军等译，格致出版社、上海人民出版社 2013 年版。

［德］尤尔根·哈贝马斯：《公共领域的结构转型》，曹卫东等译，学林出版社 1999 年版。

杨东：《链金有法：区块链商业实践与法律指南》，北京航空航天大学出版社 2017 年版。

［美］戴维·S. 埃文斯、理查德·施马兰奇：《连接：多边平台经济学》，张昕译，中信出版集团 2018 年版。

韩旭至：《个人信息的法律界定及类型化研究》，法律出版社 2018 年版。

［英］凯伦·杨、马丁·洛奇编：《驯服算法：数字歧视与算法规制》，林少伟、唐林垚译，上海人民出版社 2020 年版。

［美］皮埃罗·斯加鲁菲：《智能的本质：人工智能与机器人领域的 64 个大问题》，任莉、张建宇译，人民邮电出版社 2017 年版。

［美］凯西·奥尼尔：《算法霸权：数字杀伤性武器的威胁》，马青玲译，中信出版集团 2018 年版。

齐爱民：《大数据时代个人信息保护法国际比较研究》，法律出版社 2015 年版。

［英］维克托·迈克-舍恩伯格：《删除：大数据取舍之道》，袁杰译，浙江人民出版社 2013 年版。

谢永志：《个人数据保护法立法研究》，人民法院出版社 2013 年版。

涂子沛：《数文明：大数据如何重塑人类文明、商业形态和个人世界》，中信出版集团 2018 年版。

周汉华主编：《个人信息保护前沿问题研究》，法律出版社 2006 年版。

［美］波兹曼：《技术垄断：文明向技术投降》，蔡金栋、梁薇译，机械工业出版社 2013 年版。

［美］卡尔·夏皮罗、哈尔·R. 范里安：《信息规则：网络经济的策略指导》，孟昭莉、牛露晴译，中国人民大学出版社 2017 年版。

［美］凯文·D. 阿什利：《人工智能与法律解析：数字时代法律实践的新工具》，邱昭继译，商务印书馆 2020 年版。

张继红：《大数据时代金融信息的法律保护》，法律出版社 2019 年版。

（二）论文

马长山：《智慧社会背景下德"第四代人权"及其保障》，载《中国法学》2019 年第 5 期。

程啸：《论我国个人信息保护法中的个人信息处理规则》，载《清华法学》2021 年第 3 期。

郑戈：《在鼓励创新与保护人权之间——法律如何回应大数据技术革新

的挑战》，载《探索与争鸣》2016 年第 7 期。

汪玉凯：《智慧社会倒逼国家治理智慧化》，载《中国信息界》2018 年第 1 期。

吴沈括：《数据治理的全球态势及中国应对策略》，载《电子政务》2019 年第 1 期。

陈火全：《大数据背景下数据治理的网络安全策略》，载《宏观经济研究》2015 年第 8 期。

陈万球、石惠絮：《大数据时代城市治理：数据异化与数据治理》，载《湖南师范大学社会科学学报》2015 年第 5 期。

程啸：《论大数据时代的个人数据权利》，载《中国社会科学》2018 年第 3 期。

李爱君：《数据权利属性与法律特征》，载《东方法学》2018 年第 3 期。

吕志祥、张强：《大数据背景下数据权利的法理分析》，载《昆明理工大学学报（社会科学版）》2019 年第 1 期。

肖建华、柴芳墨：《论数据权利与交易规制》，载《中国高校社会科学》2019 年第 1 期。

邓刚宏：《大数据权利属性的法律逻辑分析——兼论个人数据权的保护路径》，载《江海学刊》2018 年第 6 期。

梅夏英：《在分享和控制之间 数据保护的私法局限和公共秩序构建》，载《中外法学》2019 年第 4 期。

高富平：《个人信息保护：从个人控制到社会控制》，载《法学研究》2018 年第 3 期。

周汉华：《探索激励相容的个人数据治理之道——中国个人信息保护法的立法方向》，载《法学研究》2018 年第 2 期。

龙卫球：《再论企业数据保护的财产权化路径》，载《东方法学》2018 年第 3 期。

丁晓东：《个人信息权利的反思与重塑 论个人信息保护的适用前提与法益基础》，载《中外法学》2020 年第 2 期。

赵宏：《信息自决权在我国的保护现状及其立法趋势前瞻》，载《中国法律评论》2017年第1期。

胡玉鸿：《法律的根本目的在于保障人的尊严》，载《法治研究》2010年第7期。

王泽鉴：《人格权的具体化及其保护范围·隐私权篇（中）》，载《比较法研究》2009年第1期。

王利明：《论个人信息权在人格权法中的地位》，载《苏州大学学报（哲学社会科学版）》2012年第6期。

蔡宝刚：《法律与道德关系的制度解析——新制度经济学的阐释及启示》，载《法学》2004年第6期。

张新宝：《个人信息收集：告知同意原则适用的限制》，载《比较法研究》2019年第6期。

马长山：《数字时代的人权保护境遇及其应对》，载《求是学刊》2020年第4期。

高富平：《个人信息使用的合法性基础——数据上利益分析视角》，载《比较法研究》2019年第2期。

韩旭至：《数据确权的困境及破解之道》，载《东方法学》2020年第1期。

许可：《数据权属：经济学与法学的双重视角》，载《电子知识产权》2018年第11期。

程雷：《大数据背景下的秘密监控与公民个人信息保护》，载《法学论坛》2021年第3期。

张金平：《欧盟个人数据权的演进及其启示》，载《法商研究》2019年第5期。

李慧敏、王忠：《日本对个人数据权属的处理方式及其启示》，载《科技与法律》2019年第4期。

陈景辉：《权利的规范力：一个对利益论的批判》，载《中外法学》2019年第3期。

王利明：《数据共享与个人信息保护》，载《现代法学》2019年第1期。

胡小明：《从政府信息公开到政府数据开放》，载《电子政务》2015年第 1 期。

葛虹：《日本宪法隐私权的理论与实践》，载《政治与法律》2010 年第 8 期。

丁晓东：《个人信息私法保护的困境与出路》，载《法学研究》2018 年第 6 期。

刘德良：《个人信息的财产权保护》，载《法学研究》2007 年第 3 期。

张新宝：《从隐私到个人信息：利益再衡量的理论与制度安排》，载《中国法学》2015 年第 3 期。

梅夏英：《数据的法律属性及其民法定位》，载《中国社会科学》2016 年第 9 期。

崔国斌：《大数据有限排他权的基础理论》，载《法学研究》2019 年第 5 期。

李谦：《法律如何处理数据财产——从数据库到大数据》，载《法律和社会科学》2016 年第 1 期。

马长山：《智能互联网时代的法律变革》，载《法学研究》2018 年第 4 期。

于柏华：《权利认定的利益判准》，载《法学家》2017 年第 6 期。

张新宝、许可：《网络空间主权的治理模式及其制度构建》，载《中国社会科学》2016 年第 8 期。

胡凌：《论赛博空间的架构及其法律意蕴》，载《东方法学》2018 年第 3 期。

徐汉明、张新平：《网络社会治理的法治模式》，载《中国社会科学》2018 年第 2 期。

丁晓东：《论数据垄断：大数据视野下反垄断的法理思考》，载《东方法学》2021 年第 3 期。

张凌寒：《网络平台监管的算法问责制构建》，载《东方法学》2021 年第 3 期。

高郦梅：《企业公开数据的法律保护：模式选择与实现路径》，载《中国政法大学学报》2021 年第 3 期。

秦前红、李少文：《网络公共空间治理的法治原理》，载《现代法学》2014年第6期。

何明升：《中国网络治理的定位及现实路径》，载《中国社会科学》2016年第7期。

胡丽、齐爱民：《论"网络疆界"的形成与国家领网主权制度的建立》，载《法学论坛》2016年第2期。

胡凌：《数字社会权力的来源：评分、算法及规范的再生产》，载《交大法学》2019年第1期。

刘权：《网络平台的公共性及其实现——以电商平台的法律规制为视角》，载《法学研究》2020年第2期。

彭中礼：《智慧法治：国家治理能力现代化的时代宣言》，载《法学论坛》2020年第3期。

张欣：《数字经济时代公共话语格局变迁的新图景——平台驱动型参与的兴起、特征与机制》，载《中国法律评论》2018年第2期。

高全喜：《虚拟世界的法律化问题》，载《现代法学》2019年第1期。

徐汉明：《我国网络法治的经验与启示》，载《中国法学》2018年第3期。

何渊：《智能社会的治理与风险行政法的建构与证成》，载《东方法学》2019年第1期。

王利明：《论个人信息权的法律保护——以个人信息权与隐私权的界分为中心》，载《现代法学》2013年第4期。

叶名怡：《个人信息的侵权法保护》，载《法学研究》2018年第4期。

许可、朱悦：《算法解释权：科技与法律的双重视角》，载《苏州大学学报（哲学社会科学版）》2020年第2期。

刘友华：《算法偏见及其规制路径研究》，载《法学杂志》2019年第6期。

纪海龙：《数据的私法定位与保护》，载《法学研究》2018年第6期。

苏宇：《算法规制的谱系》，载《中国法学》2020年第3期。

杨东：《论反垄断法的重构：应对数字经济的挑战》，载《中国法学》

2020 年第 3 期。

杨翱宇：《数据财产权益的私法规范路径》，载《法律科学》2020 年第 2 期。

肖冬梅：《"后真相"背后的算法权力及其公法规制路径》，载《行政法学研究》2020 年第 4 期。

何渊：《政府数据开放的整体法律框架》，载《行政法学研究》2017 年第 6 期。

张庆立：《区块链应用的不法风险与刑事法应对》，载《东方法学》2019 年第 3 期。

姚佳：《论个人信息处理者的民事责任》，载《清华法学》2021 年第 3 期。

张勇：《数据安全分类分级的刑法保护》，载《法治研究》2021 年第 3 期。

吴小帅：《大数据背景下个人生物识别信息安全的法律规制》，载《法学论坛》2021 年第 2 期。

胡元聪：《区块链技术激励机制的制度价值考察》，载《现代法学》2021 年第 2 期。

（三）网站

《工信部发布〈中国区块链技术和应用发展白皮书〉》，https://www.sohu.com/a/224324631_711789，访问日期：2021 年 3 月 11 日。

Report of the Special Rapporteur on the promotion and protection of the right to freedom of opinion and expression, Frank La Rue, https://www2.ohchr.org/english/bodies/hrcouncil/docs/17session/A.HRC.17.27_en.pdf，访问日期：2020 年 11 月 1 日。

《世界人权宣言》，http://www.un.org/en/universal-declaration-human-rights/，访问日期：2020 年 11 月 1 日。

《从颠覆到转型？将技术与人权联合起来促进可持续发展》，http://www.unrised.org/TechAndHumanRights，访问日期：2020 年 11 月 1 日。

《国务院新闻办发表〈改革开放 40 年中国人权事业的发展进步〉白皮

书》，http：//www.xinhuanet.com/politics/2018-12/12/c_1123840973.htm，访问日期：2020年11月1日。

张文显：《无数字，不人权》，http：//www.aisixiang.com/data/116468.html，访问日期：2020年11月2日。

马长山：《数字法治的理论呼求》，https：//mp.weixin.qq.com/s/doIuyVzz2Sd-_I55nudpVQ，访问日期：2021年5月16日。

劳东燕：《地铁使用人脸识别的法律隐忧》，https：//mp.weixin.qq.com/s/ofUsRE6w2S4ostM-AgJNUg，访问日期：2020年12月28日。

《工信部：如何用电信大数据支撑疫情防控情况》，https：//mp.weixin.qq.com/s/s7f4uAg6XJ05U-i7NCNkfg，访问日期：2020年7月5日。

《〈加州隐私权法（CPRA）〉中译本全文》，https：//mp.weixin.qq.com/s/mFkIev-1UflMpxwPPP2RZw，访问日期：2021年3月16日。

林洁琼：《日本内阁通过〈个人信息保护法〉修正案，强化个人信息保护》，https：//mp.weixin.qq.com/s/0LbYy3EKp22_MIh0q0KMfw，访问日期：2020年10月21日。

杨婕：《美国国会〈数据保护法综述〉一文读懂美国数据保护立法情况》，https：//mp.weixin.qq.com/s/gXLIvzH1xH-w7G04RtLvwg，访问日期：2020年10月17日。

二、外文类

（一）著作

Chang, Lennon YC & Peter Grabosky, *Regulatory Theory: Foundations and Applications*, ANU Press, 2017.

Julie E. Cohen, *Configuring the Networked Self*, Yale University Press, 2012.

Joel Simon, *The New Censorship: Inside the Global Battle for Media Freedom*, Columbia University Press, 2015.

John A. Rothchild, *Research Handbook on Electronic Commerce*

Law, Edward Elgar Publishing Limited, 2016.

Anne S. Y. Cheung & Rolf H., Weber, *Privacy and Legal Issues in Cloud Computing*, Edward Elgar, 2015.

Kelvin F. K. Low & Eliza Mik, *Pause the Blockchain Legal Revolution*, Cambridge University Press, 2019.

Lee A. Bygrave, *Data Privacy Law: An International Perspective*, Oxford University Press, 2014.

James Lovelock, *Novacene: The Coming Age of Hyperintelligence*, MIT Press, 2019.

Robin Chase, *How People and Platforms are Inventing the Collaborative Economy and Reinventing Capitalism*, Public Affairs, 2015.

Daniel J. Solove & Paul M. Schwartz, *Information pricacy law*, Wolters Kluwer, 2015.

Katharina Pistor, *The Code of Capital: How the Law Creates Wealth and Inequality*, Princeton University Press, 2019.

Julie Cohen, *Between Truth and Power: The Legal Constructions of Informational Capitalism*, Oxford University Press, 2019.

Jeremy Rifkin, *The Zero Marginal Cost Society: The Internet of Things, the Collaborative Commons, and the Eclipse of Capitalism*, St. Martin's Press, 2015.

（二）论文

Eric Posner, "Law, Economics, and Inefficient Norms", *University of Pennsylvania Law Review*, Vol. 5, 1996.

Phillip Stoup, "The Development and Failure of Social Norms in Second Life", *Duke Law Journal*, Vol. 2, 2008.

Robert Cooter, "Decentralized Law for a Complex Economy: The Structural Approach to Adjudicating the New Law Merchant", *University of Pennsylvania Law Review*, Vol. 5, 1996.

Garon, Jon M, "Cyber-World War Ⅲ: Origins", *Journal of Law & Cyber Warfare*, Vol. 7, 2018.

Abebe, Daniel, "Cyberwar, InternationalPolitics, and Institutional Design", *The University of Chicago Law Review*, Vol. 83, 2016.

Peter Margulies, "Global Cybersecurity, Surveillance, and Privacy: The Obama Administration's Conflicted Legacy", *Indiana Journal of Global Legal Studies*, Vol. 24, 2017.